Gustav von Campe

Vom Wink

Tonisches Denken bei Martin Heidegger

Eine Textsammlung

Verlag Traugott Bautz GmbH

Deutsch-Ungarisches Symposium in Grassau - Rottau, Okt. 1990

Links außen: Hartmut und Brigitte Buchner
Rechts außen: Lazlo Tengelyi
In der Mitte stehend von links: u.a. Eva Koszizky, Michaly Vaida ,Wolfgang Brockmeier, Leo Dümpelmann, Johannes Ernst Seiffert, Georg Stenger, Gustav v. Campe
Hinten stehend von links: u.a. Klaus Opilik, Konrad Markl, Emmerich Hörmann
Vorn sitzend von links: u.a. Felizitas Englisch, Barbara Vajda, Roswitha Seiffert, Tibor Pangrácz, Rafael Hüntelmann

Satz: Isabell Brozait - Schönekäs

Bibliografische Information der Deutschen Nationalbibliothek

Die deutsche Bibliothek verzeichnet diese Publikation in der Deutschen Nationalbibliografie. Detaillierte bibliografische Daten sind im Internet abrufbar über http://dnb.de

Verlag Traugott Bautz GmbH
D-99734 Nordhausen 2024

Gedruckt auf säurefreiem, alterungsbeständigem Papier

Printed in Germany

ISBN 978-3-68911-003-1

LIBRI NIGRI

105

Herausgegeben von

Hans Rainer Sepp

Die *libri nigri* werden am Mitteleuropäischen Institut für Philosophie, Fakultät für Humanwissenschaften der Karls-Universität Prag herausgegeben.
www.sif-praha.cz

Jede Kunstübung ist tonisch
F. Nietzsche

Inhaltsverzeichnis

Vorwort

Äußerste Ferne erwinkt[1] nächste Nähe

Der Ton braucht Zeit – und er bekommt Sie. Er muss vergehen, um sich zu entfalten, schreibt Jan Brachmann über das Violinspiel Maxim Vengerows[2]. Ein Entfalten im Vergehen – wie lässt das denken? (siehe auch S. 46ff)
Äußerste Ferne erwinkt nächste Nähe. Ist das Entfalten im Vergehen als ein solches Erwinken zu denken? Heidegger sagt am Schluss seiner Münchner Rede: *Die Frage nach der Technik* (1953): *Je mehr wir uns der Gefahr nähern, desto heller beginnen die Wege ins Rettende zu leuchten.* Schwingt in diesen *Je-desto* das Winken eines Winks? (siehe auch S. 17ff, insbesondere S. 28)

Die Tänzerin Anne Teresa De Keersmacker fragt nach ihrer Rolle als Künstlerin, wenn *wir uns fühlen, als seien wir bereits auf einem sinkenden Schiff.*[3] Das Schiff nähert sich einer äußersten Gefahr. Können gerade so Wege ins Rettende zu leuchten beginnen? Wieso fragt gerade eine Tänzerin eine solche Frage?
Musik und Tanz sind *tonische Künste*. Ein Ton vergeht in der Zeit. Ein Bild dagegen besteht im Raum. (siehe auch S. 10ff)
Der Ton/das Tonische braucht Zeit, um zu vergehen und *im* Vergehen sich zu entfalten. Für diese scheinbar paradoxe Vollzugsfigur gebraucht Heraklit das Wort *palintonos* (Fragm. 51). Wenn palin zurück bedeutet, dann ist das Palintonische das Zurücktönende/-schwingende. Das Sein ist das *In-sich-Zurückschwingende*, sagt Heidegger[4] des öfteren. Das Sein

---

[1] *Wink* entspricht dem lateinischen *numen*. Im tonischen Spiel der Nahferne (W. Benjamin nennt es auratisch) erscheint er aber nicht numinos – unbestimmt, sondern fast hyperkonkret.
[2] In: Frankfurter Allgemeine Zeitung, 27.5.2021
[3] In: Crescendo 2024. Musik, Kultur, Leben. Das Magazin S. 39
[4] Das *In-sich-zurück-Schwingen* ersetzt in den späten Texten die *Kehre im Ereignis (siehe Seite 114ff)*.

schwingt, aber nur indem es immer schon in sich zurückschwingt. Das entspricht – in tonischen Begriffen – dem Nichten im Lichten/dem Lichten im Nichten. (siehe auch S. 103ff)

Im Tonischen korrespondieren *Muskeltonus* und musikalischer Ton. Ein Klavierspieler z.B. überträgt seinen Körpertonus gewissermaßen über das Spiel der Finger auf den Tasten in Töne. Auch dieses Spiel ist ein Tanz. *Jede Kunstübung ist tonisch* (Nietzsche) (siehe auch S. 10ff)

Anne Terese De Keersmackers Gefühl vom sinkenden Schiff lässt an den Topos vom *Weltuntergang* denken. *Stellen* wir die Welt *vor* (Welt als Vorstellung), so ist sie der Alternative von Bestand und Untergang[5] ausgesetzt. Ein palintonisches Weltverhältnis dagegen schwingt in Vergehen und Entfaltung, d.h. als *In-der-Welt-Sein*. Hier gibt es ein Vergehen, aber keinen Untergang. Zwar eine äußerste Gefahr, aber keinen Zusammenbruch. *Wo aber Gefahr ist, wächst das Rettende auch* (Hölderlin)

Die hier versammelten Texte sind in einem Zeitraum von über 20 Jahren entstanden. Sie dokumentieren eher einen Lernprozess als feststellbare Erkenntnisse. Ermutigt haben mich bei der Arbeit Johannes Ernst Seiffert, Hartmut Buchner, Wolfgang und Peter Brokmeier, Jürgen Frese, Reinhard Knodt, Ursula Ludz (sie alle leben nicht mehr), sowie Damir Barbarié, Cathrin Nielsen, Ingeborg Schüssler, Dietmar Becker, Matthew Pritchard, Ralf Elm, Marie-Claire Hoock-Demarle, Alina Noveanu, Soltan Zsankay, Michu Vajda, Günther Neumann, Manfred Osten, Matthias Sell, Johannes Weiß, Joachim Fischer und Martina Trauschke. Ihnen allen sei Dank! Ein besonderer Dank gilt meiner verstorbenen Frau Anne.
Ich danke der alten und neuen Universitätsbibliothek in Göttingen

Ballenhausen, März 2024

---

[5] Peter Sloterdijk spricht von Weltverbrauch. In: P.Sl.: Die Reue des Prometheus. Von der Gabe des Feuers zur globalen Brandstiftung. Suhrkamp 1923

Man hat zur Ermöglichung der Musik
als Sonderkunst eine Anzahl Sinne,
vor allem den Muskelsinn stillgestellt
(relativ wenigstens: denn in einem
gewissen Grade redet noch aller
Rhythmus zu unseren Muskeln): so
dass der Mensch nicht mehr alles,
was er fühlt, sofort lebhaft nachahmt
und darstellt

Nietzsche: Götzendämmerung Str. 10

Teil 1

Vom Bild zum Ton: Vom Blick zum Wink

Ein häretischer Versuch

Die heutige Bilderflut und die kulturbeherrschende Bedeutung des Bildes lässt sich zurückführen darauf, dass die Griechen einen Gott anriefen, der auf die Welt *blickte.* Der *theos* ist im Wortsinn der Blickende. Mit seinem Blitz leuchtet er für einen Augenblick ins Dunkel der Welt und lässt erscheinen, was gewöhnlich den Augen verborgen ist. Dementsprechend ist *theo*ria eine An*schauung* der Welt und das *thea*ter eine *Schau*bühne.
Das *tragische Zeitalter* (Nietzsche) der frühen Griechen lebte staunend – erschrocken vor dem blitzend-blickenden und donnernden Göttervater Zeus. Wahrheit zeigte sich im Augenblick. Das galt es – staunend-erschrocken – auszuhalten. Semele verbrannte mitsamt ihrem Haus, als der Blitz sie traf (gebar aber doch den Dionysos).
Wie es von der frühgriechischen Augenblickswahrheit zu den beständigen, ewig wahren *Ideen* des Plato kommen konnte, soll hier nicht erklärt werden. Der Blick wurde zur Schau. Geschaut wurde das *Bild* (das eidos). So wurde die abendländische Dominanz des Sehsinn begründet. Daraus folgte die Dominanz der *bildenden* Kunst sowie der *Theo*rie in den Wissenschaften. Aus dem Erblicken eines aufleuchtenden Phänomens wurde die optische Ausmessung beständiger Gegenstände. Mikro- und teleskopische Instrumente machten die Welt feststellbar und vermessbar. Die Welt als Bild, als räumlich-zeitloses, feststellbares *Weltbild* kommt so auf den Begriff. Dies ereignet sich in der wünschbaren Klarheit, als der „Planet“ Erde zum ersten Mal in Gänze vom „Weltraum“ aus fotografiert wird.

Was aber, wenn wir die Welt als *Ton* zu denken versuchten? Lange vor Plato hatte Heraklit von einer *palintonischen* Harmonie (Fragm. 51) gesprochen und damit angedeutet, dass sich ein Ton *als* Ton nur durch einen *Widerstand* (palin: zuwider) ergibt. Ein widerstandslos, endlos sich dehnender „Ton“ wäre kein Ton.[6] So ist jeder Ton endlich. Der Widerstand ist mit der Endlichkeit gegeben. Deshalb nennt Heraklit den Ton in sich widerstrebend. Tonus bedeutet *Spanne.* Die Spanne ist immer schon *in sich* zurückgespannt. Sonst ergäbe sich der Widersinn einer spannungslosen Spannung. Und nur eine gespannte Saite kann s*chwingen.* So schwingt der Ton in einer je verschiedenen Spannung.

Mit der Endlichkeit des Tons ist seine Zeitlichkeit gegeben. Wir sagen, jemand habe *das Zeitliche gesegnet.*Mit der Zeitlichkeit ist also eine Tendenz zur *Abschiedlichkeit* schon mitgegeben. Tendiert das Bild zur Beständigkeit, so der Ton zur Abschiedlichkeit.

Der Ton schwingt in der Zeit, aber nicht in einem linearen Sinne vom *An-* zum *Ver*klingen. Eine tonale Gebärde – etwa die von einem Pianisten vollzogene – ist nur Gebärde, insofern das Ende schon im Anschlag anklingt,[7] bzw. die Ankunft den Abschied schon voraus-nimmt.

Mit den Begriffen Ankunft und Abschied sprechen wir von einer Spanne, die nicht nur den Ton überspannt, sondern die Lebens- bzw. Daseinspanne. Die Existenz, das Dasein darf so als ein großer Ton aufgefasst werden.

Da der Ton i.S. der Spanne über die Musik hinaus das ganze Dasein – individuell und geschichtlich – beschreibt, sprechen wir vom Tonischen als einem erweiterten Begriff des Tonalen.[8]

In diesem, existentiell-tonischen Sinne spricht R.M. Rilke in einem der *Sonette an Orpheus* von Abschied und einrückender Ankunft:

Sei allem Abschied voran, als wäre er
hinter dir |wie der Winter, der eben geht, |
... singender steige, preisender steige |
zurück in den reinen Bezug. (Sonette II, 13)

---

[6] vgl. Wieland Uhde: *Das Spiel mit dem Widerstand.* Siehe unten Anm. 9

[7] diesen Hinweis verdanke ich Matthew Pritchard

[8] Den Gedanken einer Einheit von Mikro- und Makrospannung verdanke ich Eugen Rosenstock-Hüssey

Die dem Abschied voranseiende, entrückende und *damit schon* einrückend-berückende Gebärde soll *Wink* heißen.[9]
Gewöhnlich erfahren wir den Wink zum Abschied *oder* zur Ankunft: in einem Zu- *oder* Abwinken. Den im rilkeschen Sinne wesentlichen Wink erfahren wir als *eine*, nicht-differierende Gebärde: in seltenen, existentiell entscheidenen Situationen. Ein solcher Wink ist (an-) künftiger, je abschiedlicher er getönt ist. Ihm entspricht eine *zurückhaltende Zuvorkommenheit* [10] im Verhalten. (*Verhaltenheit* ist der durchgängige Tenor in Heideggers *Beiträgen zur Philosophie (Vom Ereignis)*). (HGA Bd. 65)
Ein Begriff des *Abschiedlichkünftigen,* worin Be- und Entrückung als *eine,* in*eins* sich vollziehende Gebärde erfahren wird, ist für das vom Sehsinn geprägte Vorstellen paradox und unzugänglich.[11]
Einsolcher Begriff entzieht sich einer gewöhnlichen Definition. Dem Undefinierbaren, sagt Peter Handke, kann nur im Schwingenlassen entsprochen werden.[12] Kann sie nur er-schwiegen werden? Wie aber, wenn der Vollzug des Abschiedlichkünftigen (so sei es vorläufig genannt) im *Mit*vollzug auf Anhieb einfach und selbstverständlich (und insofern evident) würde?
Dass der Tonus nur tonisch vollzogen werden kann, dass er also nicht in der Weise des eidetischen, bildhaften Vorstellens verstanden werden kann, sollte einleuchten. Den Tonus vollziehen die Musiker im musikalischen Vortrag. Hier überspannt der Körpertonus der Vortragenden die musikalische Tonalität.
Atem, Herzschlag, Muskelspannung und die Spannung des ganzen Körpers übertragen sich auf die Musik und empfangen umgekehrt die Spannungen der musikalischen Dynamik. Aus der Korrespondenz beider ergibt sich die Kunst des *Vortrags*. *Alle*

---

[9] Das Ineins des *In-die-Ferne-"und"-in-die-Nähe-Rückens* nannte W. Benjamin auratisch

[10] vgl. GvC. Unveröffentl. MS

[11] Adyton: das Unzugängliche. Vgl. P. Trawny: Adyton. Heideggers esoterische Philosophie. Matthes und Seitz, Berlin

[12] PH: Am Felsfenster morgens (und andere Ortszeiten 1982-1987) Berlin 2019 S. 90

Künstübung ist tonisch hatte Nietzsche gesagt. Und davon sei aber auch das *Fest, das die Muskeln im Vortrag feiern,* nicht auszuschließen.
In unseren alltäglichen Hantierungen üben wir den Tonus. Auch verlauten sie je und je in Tönen und Klängen. Auch sie schwingen in Takten und Rhythmen, in Zäsuren und harten Fügungen. *(Auch hier wohnen Götter,* hatte Heraklit von einem Backofen gesagt) Alles dies gehört zur Vortragskunst als einer tonischen Übung. Und auch hier kann sich jederzeit das Abschiedlichkünftige, das Geschick in der Ungeschicklichkeit ereignen.
Fragen wir jetzt einmal nach dem Unterschied zwischen Bild und Ton in Bezug auf den *Habitus* des jeweiligen Denkens: auf die Denkungsart, die einerseits aus dem Bilddenken hervorgeht und die andererseits aus einem bisher nur ahnbaren Tonusdenken hervorginge. Was man heute „Diskurs" nennt: der philosophische und ästhetische Diskurs, ist vom Bilddenken geprägt. Und als solcher übt er die Deutungshoheit über die Kultur der westlichen Welt aus. Die Prägung der diese Denkungsart ausübenden Personen reicht bis in den Habitus hinein.
Wer die Welt als Vorstellung in Distanz zum eigenen Leibe [13] immer nur vor sich hat, der entspricht dem Typus des bloßen Intellektuellen mit zwei linken Händen. Alles ist ihm vorhanden, nichts ist zuhanden. Das prägt nicht nur den Diskurs, sondern lässt diese Art von Diskursioität selbst ganz unbefragt. Aber kann es überhaupt so etwas wie einen tonischen Diskurs geben? Weist der in Mode gekommene Begriff der Performanz in die gesuchte Richtung?
Die Stuttgarter Klavierlehrer Renate Wieland und Jürgen Uhde haben ein Übungsbuch verfasst, das dazu geeignet erscheint, eine *Philosophie des Übens* und des musikalischen Vortrags zu entwerfen. Sie gehen von dem Tonus aus, der den Übenden und das Geübte überspannt. *Der Körpertonus kommuniziert mit dem Tonus der Musik.*[14]

---

[13] *Was wir Kunst nannten, begann erst in einem Meter Abstand von unseren Leibern.* (Walter Benjamin)
[14] Renate Wieland, Jürgen Uhde: Forschendes Üben.

Im Rückgriff auf ostasiatische Philosophien des Übens zeichnet sich eine beschreibende Verhaltenslehre ab, die vom *Habitus* des musikalischen Vortrags in den Habitus eines tonischen Weltverhältnisses reicht. (Sollte von hier ein anderer Intellektuellen-Typus hervorgehen?) Deutlich ist das tonische Weltverhältnis im Tanz. Aber selbst in der Musik ist der Tanz deutlicher präsent, als meist vermutet. *Dass Tanztypen die Gangart gewisser Stücke bestimmen weiß jeder, dennoch geht selbst in der Darstellung von Suitensätzen oder in Scherzi die Erinnerung an den Tanz oft unbemerkt verloren.*[15]

Unsere Gangarten korrespondieren mit den musikalischen Gangarten. Dass eine Gangart den Habitus einer ganzen Person prägen kann, sagte einmal der Schauspieler Ulrich Haupt: *Wenn ich den Gang habe, dann habe ich die Rolle.*[16]

Über *spontanes und rezeptives Verhalten* schreiben Wieland/Uhde: *Die Haltung freien Zurücktretens ist uns eher fremd geworden. Damit verschließen sich aber weite Regionen musikalischen Ausdrucks.*[17]

Dass in einer Verhaltenslehre der Verhaltensbegriff zentral ist, ist selbstverständlich.[18]

Aber ist damit die Verhaltenheit des Verhaltens schon angedacht? Wir hatten gesagt, in der Verhaltenheit spiele die paradox erscheinende *zurückhaltende Zuvorkommenheit;* und sie entspreche der ebenso paradox erscheinenden e*ntrückend-einrückenden* Gebärde des Abschiedlichkünftigen. Diese Gebärde, so sagten wir, werde uns vernehmlich – je und je – als Wink. Wie weit dieser Gedanke im Tonisch-tonalen verortbar ist und inwieweit er so

---

Wege instrumentalen Lernens. Über den Interpreten und den Körper als Instrument der Musik. Kassel et. al. 2002 S. 176

15 ebd. S. 178

16 ebd. S. 174

17 ebd.

18 Der griechische *Ethos* bedeutet *Verhalten* – und zwar in einem beschreibenden, nicht normativen Sinn, eine Seins- und keine Sollensethik

etwas wie einen tonischen, kulturell bedeutsamen Diskurs anregen kann, bleibt selbstverständlich offen.

Aber kommen wir noch einmal zurück auf den griechischen *theos:* den Gott des Blicks. Hölderlin hatte von einem kommenden Gott gesprochen: *Von daher kommt/und zurück deutet der kommende Gott.*[19] Und: *Winke sind seit altersher die Sprache der Götter.*[20]
Ist die Gebärde des Kommens und des *im* Kommen Zurückdeutens nicht die Gebärde des Winks?
Vermutlich durch Hölderlin angeregt, erwartete Martin Heidegger einen *Vorbeigang des letzten Gottes.*[21] Spielt in der Gangart des letzten Vorbeigangs womöglich das Abschiedlichkünftige des Winks?

Im letzten Vorbeigang steht das *Kommen* auf dem Spiel und damit zugleich dessen *Ausbleib.* Ob der im letzten Vorbeigang spielende Wink vernommen wird, hängt davon ab, dass noch Sterbliche da sind, d.h. überhaupt noch Dasein ist. Der nur vermeintlich unverfängliche Begriff des Tonischen, das ja immer *palintonisch* zu denken ist, ist ja nur von der Erfahrung des Endlichen her vollziehbar.

Nur Sterbliche also (und bei den Griechen hießen die Menschen: d*ie Sterblichen*) und das Sterben Vermögende sind zu der notwendigen Verhaltenheit befähigt, die ein Vernehmen des Winks verlangt. Dass der Wink unvernommen vorbeigeht, ist aus Heideggers Sicht kein Mangel.
Mit dem Ausbleib erhielte womöglich das Abschiedlichkünftige erst einen verschärften Sinn – so, wie erst das Abwesen das Anwesen vergegenwärtigt.

Der Gott des Blicks hatte eine fraglose Anwesenheit vergegenwärtigt. Der Wink des letzten Vorbeigangs ereignet sich –

---

19 ..

20 In dem Gedicht *Rousseau*

21 In den *Beiträgen zur Philosphie (Vom Ereignis)* HgA BD. 65

oder auch nicht – erst, wenn alles auf dem Spiel steht. *Wo aber Gefahr ist, wächst das Rettende auch* (Hölderlin).[22]

Zeus hält als Blickender den Blitz in der Hand und gleich schickt er den Donner. Hölderlin nennt ihn den Donnerer. Donner ist Tonus. In seinen Gedichten, die Hölderlin Gesänge nennt, *tönt* es von überall her. Wäre somit auch der tonische Wink ein Abkömmling des griechischen Gottes?

Als Vortrag gehalten am 8. Januar 2020 bei *Merz-Klaviere*, Göttingen

---

[22] Ingeborg Schüßler hat mich mit ihrem Vortrag *Blick – Allmacht – Wink. Zur Gottesfrage bei M. Heidegger.* zu diesem Versuch ermutigt. Erschienen in Bd. 11 der Schriftenreihe der M.-H.-Gesellschaft S. 243-271

Vom Wink

1.

... und Winke sind
von Alters her die Sprache der Götter.

So heißt es bei Hölderlin im Gedicht *Rousseau*.
Dazu Heidegger: Das Winken sei ein *„Zeigen, ein Weisen, in welcher Weisung die Götter offenbar werden, nicht als irgendetwas Gemeintes und Betrachtbares, sondern in ihrem Winken"* (HGA Bd 39, S. 32)[23]
Wir können also nicht fragen: Was meint das Winken? Vielmehr – so Heidegger – liege die Weisung schon *in* ihrem Winken; im Wie ihrer Vollzugsweise, d.h. in ihrem – vorgreifend gesagt – Schwingungscharakter. Es gibt im Wink kein *Was*, das betrachtbar wäre wie ein gegenständliches Bild, sondern nur ein schwingendes *Wie*, in das wir nur einschwingen können.
Das Winken meint nichts anderes als sich selbst und seine Vollzugsweise. Es hat keine Bedeutung in der gewohnten Weise, dass zu jedem „Morphem" ein „Semem" gehört. Es gibt also keine Semantik des Winks.
Dass Hölderlin vom Winken spricht, dürfte von Heraklit herkommen.[24] Dessen Fragment 93 lautet:
ho ànax, u tò mantẽiòn esti to han Delphoĩs, ùte lègei ùte krýptei allà semaìnei.
Das letzte Wort *semaìnei* wird gewöhnlich mit *es deutet an* übersetzt. Heidegger übersetzt es mit *es winkt*.[25] Das griechische *semaìnein* hat die abendländische Semantik und Semoitik auf den Weg gebracht, wonach ein Wort immer etwas anderes *meint* als es

---

[23] vgl. auch: Johannes Weiß, Heideggers Heimat. Hrsg. v. d. Stiftung Scheidemann, 2019, S. 14
[24] HgA Bd 39, S. 32
[25] ebd. S. 127

selbst *ist*, d.h. eine über ihm liegende Bedeutung. Der Wink winkt nur. (Heidegger wird sagen: *Die Sprache spricht.*)
Nach der Vollzugsweise des Winks lässt sich aber sehr wohl fragen. Heraklits Fragment 93 sagt: Das Orakel von Delphi sage weder, noch verberge es, sondern es winke.
Dazu Heidegger: *Das ursprüngliche Sagen* [also das Winken, GvC] *macht weder nur unmittelbar offenbar, noch verhüllt es einfach nur schlechthin, sondern dieses Sagen ist beides in einem und als dieses Eine ein Winken, wo* […] *das Widerstreitende auf den Einklang* [weist], *der es ist; der Einklang auf den Widerstreit, darin er allein schwingt.*[26]
Das *Eine* es Winks ist also der Einklang des Widerstreits zwischen *legein* (offenbaren) und k*ryptein* (verbergen). Das könnte bedeuten, der Wink stelle den Einklang zwischen ihm voraus liegenden Widerstreitenden her. Es gibt aber keine Widerstreitenden, die dem Einklang vorausliegen könnten. Vielmehr schwingt der Widerstreit *schon anfänglich* im Einklang. Er wohnt ihm inne.
Das Eine des Winks vollzieht sich als Ein*klang*. Dass der Einheitsvollzug so möglich ist, verdankt sich dem *Klang*harakter des Winks. Im Wink klingt, d.h. schwingt der Widerstreit zwischen *legein* und *kryptein.*
Heidegger wird von der Sprache als *in sich schwingendem, schwebendem Bau* sprechen.[27]

Schon das Eine des Winks lässt sich als in sich schwingender, widerstreitender Einklang ansprechen.[28]
Das *Ein-* des Einklangs wäre auch zu hören wie das *Ein- d*es Einschwingens. Insofern hat das *Ein-* des Einen etwas mit dem *In-* des *In-sich-Schwingens* zu tun. Wenn Hölderlin das heraklitische *hen pan* (Ein Alles) mit *Alles ist innig* übersetzt, so hat er das *hen* (eines) mit *innig* übersetzt. Innigkeit heißt Einigkeit – allerdings nicht im Sinne von hergestellter Einig*ung*. Innig ist das schon anfänglich ursprüngliche *Eine*. *Innig* heißt nicht *innerlich*. Dieses

---

[26] ebd. S. 127f

[27] Unterwegs zur Sprache

[28] vgl. HGA 39 S. 14: *Schwingungsgefüge*

würde ein *äußerlich* provozieren. Das *Eine* schwingt aber nicht alternierend zwischen *innen* und *außen*. Es ist dieser Alternative schon voraus. Deshalb ist das *In-sich*-Schwingen des Einklangs auch kein Inein*ander*schwingen. *Innig* heißt nicht *ineinander*. Ein Inein*ander* impliziert ein Anderes, das erst durch eine Einigung zu einer Einheit gebracht werden müsste.(die nicht mehr Klangcharakter hätte) Eine derart herstellende Einheit nennt die Tradition Synthese oder Zusammensetzung. Das Thetische klingt nicht.
legein und *kryptein* schwingen im Wink also nicht ineinander. Ihr Widerstreit wird nicht erst zum Einklang *gebracht*, sondern Einklang *ist* Widerstreit: er schwingt innig (immanent) in ihm. Ohne den innigen Widerstreit gäbe es kein inniges Schwingen. (Das Pendeln schwingt nicht innig, sondern zwischen zwei äußersten Punkten hin und her.)
Eine zeitlang hat Heidegger von *inniger Gegenwendigkeit* gesprochen. Mit der Einsicht in den Irrtum der *Kehre*[29] dürfte er auch auf die Rede von Gegen*wendig*keit verzichtet haben. Heidegger las das heraklitische „palint*ono*s“ als „palin*tropos*“ (Fragm. 51). Deshalb mag er solange an Gegenw*endig*keit festgehalten haben.[30]
So wichtig ihm das Zeigen sonst ist; Heidegger übersetzt hier das *semainen* mit *winkt*. Wie unterscheidet er das Winken vom Zeigen?
„Schon im Alltäglichen ist der Wink ein anderes als das Zeichen, das Winken ein anderes als das Hinzeigen auf etwas, als das bloße Bemerkbarmachen von etwas. Der Winkende macht auch nicht bloß 'sich' bemerkbar, etwa dass er an der und der Stelle steht und dort zu erreichen ist, sondern Winken ist z.B. beim Abschied das Festhalten in der Nähe bei wachsender Entfernung und ist umgekehrt bei der Ankunft des Offenbarmachen der noch waltenden Entfernung in der beglückenden Nähe. Die Götter winken aber einfach, indem sie sind.[31]
Ist das Zeigen nur ein *Hin*zeigen, so schwingt das Winken in der

[29] vgl. Jahresgabe 2007 der Martin-Heidegger-Gesellschaft
[30] vgl. Anhang: - *tonos* oder – *tropos*?
[31] ebd., S. 32

Spanne von Nähe und Ferne. Bleibt das Zeigen in linearer Gerichtetheit, zumal in der *einen* Richtung vom Zeigenden *hin* zu anderem, so schwingt das Winken in einem Raum ohne lineare Gerichtetheit. In der Nähe schwingt die Ferne – in der Ferne die Nähe. Walter Benjamin hat die Atmosphäre dieses Raums auratisch genannt.
Zu sagen, der Wink weise nicht nur *hin* in die Ferne, sondern auch *her* in die Nähe, würde noch eine Anleihe an der linearen Gerichtetheit des gewohnten Vorstellens machen. Der Wink lässt sich nicht zerlegen in ein *Hin* und ein *Her*. Schwingen kann er nur in *einem* Schwung. Gleichwohl sind Hin „und" Her sprachliche Indizien für den Unterschied zum einseitigen *Hin* des Zeigens. Vielleicht sind wir auf sprachliche Indizien angewiesen, da sich das *Eine* vermutlich nicht sagen lässt. Liegt es an der Sprachnot, dass Heidegger schließlich sagt: *„Die Götter winken aber einfach, indem sie sind."*?[32] Solange wir das Einfache, um es sagen zu können, zerlegen, verstricken wir uns im linearen Vorstellen. Müssen wir daher das *einfache Eine* des Winks den Göttern überlassen? Müssen wir sie einfach sein lassen, um uns von der Sprachnot zu befreien? Ist vielleicht sogar diese Notwendigkeit der Anstoß, überhaupt wieder Götter sein zu lassen und anzurufen? „Neue" Götter einer wiedererwachenden Natur im Sinne Hölderlins? *Nur ein Gott kann uns retten* (Heidegger)?
Bleiben wir gleichwohl bei dem Versuch, den Wink als das einfache Eine zu *denken*; oder doch zumindest seine Möglichkeit.

2.

„Daher kommt und zurück deutet der kommende Gott", heißt es bei Hölderlin.[33]
Dieses Zurückdeuten im Herkommen bzw. Herkommen im Zurückdeuten – diese Gebärde lässt sich die Gebärde des Winks nennen. Vielleicht ist es das Urphänomen allen Winkens.
Wir sprechen vom Zurückdeuten *im* Herkommen als e*iner*

---

[32] HGA Bd. 39, S.32

[33] Vgl S. 103ff

Gebärde, nicht von einer Folge aus Herkommen und Zurückdeuten. Dieses *Eine* ist von einem Gott gesagt. Vermögen Sterbliche dies nicht?
Winke seien die Sprache der Götter, hatte es bei Hölderlin im Gedicht *Rousseau* geheißen. *Aber schon im Alltäglichen winken wir*, bemerkt Heidegger. Anders als das Zeigen sei das Winken kein bloßes Hinzeigen. Winken sei *„z.B. beim Abschied das Festhalten in der Nähe bei wachsender Entfernung und ist umgekehrt bei der Ankunft das Offenbarmachen der noch waltenden Entfernung in der beglückenden Nähe. Götter aber winken einfach, indem sie sind."* [34]
Anders als im Zeigen als bloßem *Hin*zeigen schwingt im Winken das Hin *im* Her, das Her *im* Hin – und zwar im Bereich von Abschied bzw. Ankunft , also jenem Bereich, da Ferne schon in der Nähe, Nähe schon in der Ferne schwingt. Mit Walter Benjamin lässt sich hier von einem Bereich auratischer Erfahrung sprechen. Wir *Sterblichen* erfahren (in zugespitzten Situationen) die Aura bei *Abschied* bzw. *Ankunft*. Unser abschiedliches Winken unterscheidet sich aber vom ankommenden – wenn auch nur in Akzenten. Im Winken schwingen Nähe und Ferne in *einer* Schwingung. Es ist aber eine *in sich* differierende, *eine* Schwingung.[35] Das Differieren macht sich in Akzenten bemerkbar. *Die Götter aber winken einfach, indem sie sind.* [36] (s.o.) Sie winken einfach, d.h. akzentfrei, so ließe sich sagen. Wieso? Die e*ine* Schwingung ist hier einfach, d.h. einfältig, weil sie der sterblichen, zwiefältigen Akzentuierung nicht bedarf. In dieser Einfalt *sind* sie. Ihr Sein: *das* Sein schwingt in ihrer einfachen Einfalt. Ihr akzentfreies Schwingen können wir, da es gegen Abschied „und" Ankunft indifferent ist, ein Schweben nennen.
Heidegger sagt zwar: *Die Götter winken.* Aber sind die Götter wie Satzsubjekte, denen die Prädikation *winken* nachträglich zukommt? Eine Prädikation neben möglichen anderen?

---

[34] HgA Bd. 39 S. 32
[35] vgl. Heraklit, Fragm. 51
[36] s.o.

Ist es nicht vielmehr so, dass das indifferente Schweben zuerst ist, und wir Sterblichen dies göttlich nennen müssen, weil es unser Vermögen übertrifft? Häufig hat Heidegger dem prädikativen Aussagesatz zuvorzukommen versucht. Somit dürfen wir den Satz *die Götter winken* in der vorgeschlagenen Weise verstehen. Das nötigt uns nicht, Götter als Subjekte anzuerkennen. Zuerst ist das Verbale (das Winken), dann lässt sich von Substantiven sprechen. In Hölderlins *Rousseau* hatte es geheißen: *Winke sind die Sprache der Götter*. Also: Winke *sind*; das *ist* schon die Sprache der Götter. Diesem schwebenden Winken verdanken die Götter ihre Sprache. Und deshalb *sind* sie schon. Darin schwebt ihr Sein als Göttliches und als ein Göttliches *das* Sein.
Die Sprache ist das Haus des Seins ... Die Sprache ist ein in sich schwingender, schwebender Bau; überall durchzogen von Gebärden.[37]
Fassen wir den Wink als ausgezeichnete Gebärde auf, so können wir in der Zusammenziehung dieser beiden Sätze die Überlegungen zum Wink resummieren.

Anm.: Hier konnte der Vortrag *Geläut der Stille. Heidegger und Hölderlin über die Zeugung des Wortes* von Damir Barbarié, in DB: Zum anderen Anfang. 2016, nicht berücksichtigt werden. Darauf wird zurückzukommen sein.

[37] vgl. Unterwegs zur Sprache

So müsste man denken können!
Heidegger beim Anblick der
Flugbewegung eines Bussards

Gustav von Campe
Vortrag am Schnackenhof
am 13.August 2016

Vom Flügelschlag

(Vom Wink)

Reinhard Knodt
zum Dank

1.

Hölderlin schrieb einmal an Casimir Ulrich Boehlendorf: „*Mein Lieber! Du hast an Präzision und tüchtiger Gelenksamkeit so sehr gewonnen und nichts an Wärme verloren, im Gegenteil, wie eine gute Klinge hat sich die Elastizität Deines Geistes in der beugenden Schule nur umso kräftiger erwiesen.*" (4.12.1801)

Jede Bewegung, jeder Tanz vollzieht sich durch Gelenke – in der Sphäre der Gelenksamkeit also. In dieser Sphäre wird über Elastizität und auch über Eleganz entschieden. Sagen wir: hier stehen sie auf dem Spiel.
Die Spitze der Eleganz erreicht die Gelenksamkeit im Flügelschlag. Vor wieviel Weltaltern haben Menschen schon dem Flügelschlag, sagen wir eines Adlers, zugesehen, wenn sie zum Himmel aufblickten. Gewiss gehört er zu den bedeutsamen Himmelserscheinungen der Menschheitsgeschichte. Diese frühen Menschen folgen dem Flügelschlag mit den Augen und vollziehen

ihn mit dem inneren Auge oder, wie man sagt, ideomotorisch nach. Sie vollziehen ihn auch motorisch: am eigenen Leibe nach. Sie ahmen ihn nach im Tanz und bringen ihn irgendwann auf eine Bühne.

Die Spitzentänzerinnen des klassischen Balletts ahmen die Spitze der denkbarsten Eleganz: den Flügelschlag nach. Sie suggerieren das Schweben in der Luft des sich im Flügelschlag aufschwingenden Schwans mitsamt der im Schweben mitschwingenden Absturzgefahr. Das steht auf dem Spiel.

Die Spitze der Eleganz des Schlags der Flügel bildet den Idealfall jeder Bewegung – jeder noch so banal erscheinenden Alltagsbewegung. (Dies setzt voraus, dass die Spitzen der Flügel selbst ungestutzt bleiben.) Über den idealen (idealtypischen) Flügelschlag reden, heißt über das ganze, breite Universum des Daseins reden, sofern dies sich bewegt vollzieht. (Dazu unten mehr.)

Der Flügelschlag und alle in Gelenken spielende, auf dem Spiel stehende Beweg*theit* unterscheidet sich von der Beweg*ung* im Sinn von Fortbewegung von A nach B im leeren und homogenen Raum, wie ihn Descartes auf den Begriff brachte. Demgegenüber spricht die deutsche Romantik von der Innigkeit der Beweg*theit* im Unterschied zur äußeren Beweg*ung*. Gemeint ist hier allerdings nicht die Seelen-Innerlichkeit, wie das Vorurteil sofort es glauben möchte.
Den Flügelschlag zu bedenken, heißt weder psychologisch noch bloß zoologisch zu denken. Solches Denken gehört eigentlich mitten in die deutsche Geistesgeschichte. Das Interesse der *Philosophischen Anthropologie* an der Senso-Motorik war ein Zeichen dafür.

2.

Versuchen wir jetzt, das bisher Gesagte zu vergessen. Träumen wir uns in jene graue Vorzeit (oder auch frühe Kindheit), da die ersten

Menschen dem Vogelflug folgten und den Flügelschlag zum ersten Mal als Mirakel erfuhren: wie etwa ein Adler seine Flügel senkt und hebt, wie er sich so auf- und abschwingt.[38]
Mit welcher Faszination, mit welchem Erstaunen und Erschrecken und innerem Erzittern folgten diese Menschen dem Schwingen, das selbst ein Zittern sein konnte?! Was sagte ihnen dies Phänomen? Und wie sagte es sich ihnen zu? Sie folgten mit den Blicken und vollzogen es körperlich: in den Organen nach. Vollzug und Nachvollzug schwingen so ineinander wie der Vollzug des Flügelschlags selbst, - lange bevor sie in Wahrnehmung und Reflexion auseinander treten.[39]

3.

Ich nehme deine Gedichte im Handgelenk wahr!, schrieb Franz Wurm seinem Freund Paul Celan. Ein Gedicht hat offenbar noch etwas von der magischen Macht, wie sie der Vogelflug auf die frühe Menschheit ausübte. Eine poetische Wendung kann sich, auch wenn das lesende Auge sie aufnimmt, quasi unmittelbar den Organen, in diesem Falle: der Wendung des Gelenks, mitteilen. Welche Rolle spielt hier das Gelenk – im Verhältnis zu inneren Organen wie Herz oder Lunge? Herzschlag und Atemrhythmus können mitvollziehen, was sich dem Auge und Ohr zuträgt. Aber einem Handgelenk wie dem des Franz Wurm?
Das seelischte der Gelenke ist aber das Knie, hatte Hölderlin irgendwo einmal gesagt. Gehört das Gelenk etwa mit zu den Seelenorganen? *Und wenn die Prüfung / Ist durch die Knie gegangen / Mag einer spüren das Waldgeschrei*, heißt es in Hölderlins *Ister-Hymne*.
Von der *beugenden Schule* der Elastizität war schon in Hölderlins Brief an Boehlendorf die Rede. *Und laßt mich gleichfalls sitzen bei den blaugemaserten Steinen – in der Freundschaft meiner Knie*, so

---

[38] Der „Traum vom Fliegen“ verdeckt eher dies gefährliche Spiel.
[39] Sollen Kinder einen Vogel malen, so zeichnen sie Wellenlinien und sagen „Das ist ein Vogel“, womit sie die Flugbewegung meinen.

heißt es in einem Gedicht Saint-John Perse's. Und von Joseph Beuys ist überliefert: *Ich denke mit meinem linken Knie.*
Was wir den internistischen Organen Herz und Lunge zutrauen, müssen wir offenbar auch den externistischen Gelenken zutrauen. Den Orthopäden sagen wir damit wohl nichts Neues. Paul Celan hätte sich gern von Moshé Feldenkrais und seiner Körpertherapie behandeln lassen. Franz Wurm wollte den Kontakt vermitteln. Immerhin hat Celan Feldenkrais als Autor beim Suhrkamp-Verlag durchgesetzt.
Der Bedeutung der Hand in Celans Dichtung nachzuspüren wäre wohl sehr lohnend.[40] Dasselbe in der Dichtung Rilkes. Schließlich auch in der Prosa Peter Handkes.

Diese Hinweise drängen sich auf – und doch bleiben sie *nur* Hinweise. Es scheint, als sei die Mitte des Gelenks: worum *es sich dreht*, leer. Die Senso-Motorik kann einiges zur Klärung beitragen, aber der Bindestrich zwischen den Worten zeigt an, dass ein Resträtsel bleibt. Wird es deshalb von der Dichtung bevorzugt? Mich reizt dieses Rätsel. Wie dreht sich der Flügel im Gelenk, - der Angel des Engels? Bleibt uns dies so unausdenklich wie den ersten Menschen? Blieben sie vom Vollzugscharakter des Flügelschlags deshalb so fasziniert, weil sie ihn zwar mitvollziehen (beim Tanz, beim Schwimmen u.s.w.) konnten, er ihnen aber ein cognitives Rätsel blieb? Aber gerade deshalb trieb das Rätsel sie in die tanzende Ekstase? Womöglich. Auch mich fasziniert die Mutmaßung mehr als irgendeine Beweisführung.

4.

Es bedarf wohl auch keiner weiteren philosophischen Aufklärung mehr, so scheint es. Das Tao der behutsamen Alltagshandlung: dass wir eine Teetasse geräuschlos auf die Tischplatte gleiten lassen, darum scheint es sich zu drehen. Dem Tao scheint Kafka intuitiv

---

[40] „Nur wahre Hände schreiben wahre Gedichte", schrieb Celan an Hans Bender am 18.Mai 1960. Diesen Hinweis verdanke ich Ralph Dutli.

nahe gewesen zu sein. Das Hämmern – ganz handwerksmäßig! - so aus den Gelenken gleiten zu lassen,[41] dass es dem Bewusstsein ganz irrsinnig vorkommen muss, war Kafka gut genug, einen ganzen Lebensplan – und nicht etwa metaphorisch! - daran zu entwerfen.[42]

5.

Auch wenn wir das Rätsel des Flügelschlags nicht lösen, so sollten wir doch versuchen, es – auf Kosten des Staunens – zu beraten. Wieso sprechen wir von *einem* Flügelschlag, wo er doch deutlich in zwei gegenläufige Schwünge: Auf- und Abschwung zu zerfallen scheint? Und wieso sollte der Flügelschlag schon in seinem puren: technischen *Wie* die Botschaft *sein*, - ohne dass er es nötig hätte, bloß formaler Träger eines Transports von Botschafts"inhalt" zu sein? Frühe Menschen – und Kinder – kennen die Trennung von Form und Inhalt gar nicht, - sie denken gar nicht daran. Und der Engel, für den die Flügel bloß zum Mittel für den Transport einer schon mitgebrachten Botschaft geworden waren, dürfte erst spät zu den Menschen geredet haben. Der Flügelschlag und das *Wie* seines Vollzugs wären dann schon längst unbeachtlich geworden. Dann suchte man die Botschaft in einem vom Wie des Vollzugs abgetrennten „Inhalt". (Beginn der Semantik) Hier soll aber das *Wie* wieder beachtlich werden. [43]

Wieso also reden wir von dem *einen* Schlag, wo doch jedes Kind Auf- und Abschwung klar unterscheiden kann? Und wieso reden wir auch von dem *einen* Wink, wo er doch meist *zu*winkt und / oder *ab*winkt. *Sonntagskinder verstehen die Sprache der Vögel*, sagt

---

[41] Wer mag, kann hier auch vom Tao der Perkussion sprechen. (→ Martin Grubinger)

[42] Vgl. Gustav von Campe, Kafkas Tao. In: Drei Schnackenhofer Vorträge. Friedland 2015

[43] Nicht WAS die Botschaft des Winks bedeute; nur ihr (technisches) WIE lässt sich erfragen. So eine Heidegger zuspitzende These.

Walter Benjamin – und somit auch das Winken eines Flügelschlags?

6.

Nehmen wir also an, die frühen Menschen hätten den Flügelschlag als Wink aufgefasst, so hätten wir den Anfang einer Geschichte des Winks verortet. Lateinisch bedeutet Wink: Numen. Das Numinose wird gewöhnlich mit nebulös, unbestimmt übersetzt. Dementsprechend ist der Wink bisher als unbestimmtes, wenn auch rätselhaft reizendes Zeichen und linearer *Hin*weis aufgefasst worden. Aber das Winken des Winks: das nicht-lineare Hin „und" Her / Her „und" Hin ist bisher kaum bedacht worden. In dieser Weise winkt der Flügelschlag. Ein solcher Wink ist nicht mehr unbestimmt im Sinne von nebulös undeutlich, sondern fast schon hyperkonkret. Man kann sein Hin-/ Herweisen, Her-/ Hinweisen im Auf-/ Ab, Ab-/ Auf des Flügelschlags deutlich vernehmen. (Der griechische Nous nennt ursprünglich ein Vernehmen. Daraus wurde die Vernunft. Sie bleibt mit dem Vernehmen im Wortsinn verbunden. Dennoch spaltete sie etwas von sich ab, was sie dann Sinnlichkeit nannte, die aber ihrerseits dem Sinn, d.h. Logos entstammt.)[44]

Trotz der deutlich vernehmbaren Vollzugsgestalt des i. g. S. aufgefassten Winks bleibt seine Botschaft, wenn wir denn zu Recht vermuten, der Wink sei als Botschaft vernommen worden, numinos, - allerdings nicht im Sinne von nebulös-undeutlich, sondern in einem Sinn von uneindeutig. Die hyperkonkrete Vollzugsfigur des zwiefältigen Her-/ Hin, Hin-/ Her scheint zweideutig. Sie scheint zu sagen *Komm* „und" *geh!* Das müsste verrückt machen, fasste man Kommen und Gehen als duale Sequenzen im cartesianischen Raum auf. Aber wie der Flügelschlag vollzieht sich der Wink auf *einen* Schlag: er ist *eine*, wenn auch in sich zwiefältige Figur.

---

[44] - Beide: „nous" und „logos" sind heute nicht wieder zu erkennen. Von „reiner Vernunft" und formaler Logik haben die Griechen nichts gewusst

Der Wink ist bewegt, aber *in sich*. Er gehört der Beweg*theit* an, nicht aber der Beweg*ung* von A nach B im cartesianischen Raum. Dass wir die Zwiefalt des Winkens vernehmen, lässt es im Uneindeutigen, nicht aber im Zweideutigen. Dies ist, soweit ich sehe, eine einzigartige Herausforderung für das Denken.
Wie kann es sein, dass im *Komm!* schon das *Geh!* gesagt ist? Wie im *Geh!* schon das *Komm!*?
Nicht umsonst bleibt die Botschaft des Engels, sofern wir sie zu Recht schon im Schlag seiner Flügel vermuten, eine himmlische (göttliche). Die Versuche, die Vollzugsfigur des Winks (und Flügelschlags) bloß als formalen Träger eines Botschafts"inhalts" im Sinn der herkömmlichen Semantik deuten zu wollen, haben wir zurückgewiesen. Dagegen müssen wir versuchen, uns an die der Teilung in Form und Inhalt vorausgehende Vollzugsfigur allein zu halten. Das Winken des Flügelschlags *ist* die Botschaft und bedeutet sie nicht, - vorausgesetzt, der Wink habe im Flügelschlag des sonntäglichen Vogels, vermittelt durch den des himmlischen Engels, sein Urphänomen. Dem Urphänomen des Lichtstrahls setzen wir das Urphänomen des Flügelschlags entgegen.

7.

Wagen wir einen anders getönten Zugang und fragen nun doch: *Welche* Botschaft haben die Menschen seit Urzeiten in den Flügelgestalten vernommen? Die Antwort kann eigentlich nur lauten: Tod „und" Liebe. Der Engel war der Todes-/ Liebesengel, seine Botschaft die Todes-/ Liebesbotschaft.
Verstünden wir den Menschheitstraum vom sog. *Liebestod* besser, so ahnten wir vielleicht, wieso der Flügelschlag als *ein* Schlag, nicht aber als doppelte Botschaft, (double bind) sich zu verstehen gibt, - nicht als *stirb* und *werde!* im Sinn eines Entwicklungsromans, - und wieso der Wink *ein* Wink ist, nicht aber in ein Zuwinken und ein Abwinken zerfällt, - wieso im Kommen schon das Gehen, im Gehen noch das Kommen schwingt, - wieso der Vorbeigang als Gangart *des letzten Gottes* (Martin Heidegger) gedacht wurde.

Ginge es um das Finden des *einen*, dem *einen* Schlag entsprechenden Wortes, bietet es sich an, im *Wesen* das Ab- „und“ Anwesen schon vorgängig schwingen zu hören. Wir sagen, jemand sei anwesend. Um das Anwesen als Vollzug zu betonen, können wir auch sagen, er wese an. Hier gebrauchen wir die verbale Form von *Wesen*, womit jetzt kein Substantiv ein Bestandshaft-Substantielles mehr nennt, sondern von einem Wesen als *Vollzug* die Rede ist, - also davon, dass *es west*. Solches verbal vernommene schwingende Wesen (ähnlich dem Wehen des Windes)[45] können wir nicht feststellen, sondern es verlangt ein vernehmendes, ja hörendes Mitvollziehen, - so wie wir einer musikalischen Phrase mitvollziehend folgen, ohne sie je feststellen zu können.
Insofern solches verbales Wesen immer schon die vorgängige Einheit von Ab- „und“ Anwesen nennt, ist der Flügelschlag ein Wesen, - und vielleicht nicht nur eins unter anderen, sondern *das* Wesen. Sagen wir, etwas sei wesentlich, so beziehen wir uns jetzt auf solches Wesen und nicht mehr auf ein als bestandshafter Kern vorgestelltes Wesen.
Der Flügelschlag west in wesentlicher Weise, ja er *ist* eben *das* Wesen, um das sich alles dreht, indem alles in ihm ab- „und“ anwest. *Wie* das Sich-Drehen sich vollzieht – natürlich keineswegs nur mechanisch[46] - bleibt numinos. Was aber bleibet, sagen die Dichter.

8.

Was also bleibt, ist wohl gerade das Rätsel, weil es sich zum Bleiben eher eignet als eine verstandene Tatsache.
In seiner Dankesrede zum Hölderlinförderpreis zitiert Per Leo in Bad Homburg aus Hölderlins Rheinhymne: *Ein Rätsel ist Reinentsprungenes. Auch/ Der Gesang kaum darf es enthüllen.*

---

[45] Vgl. GvC *Vom Winde der Welt*, vorgetragen am Schnackenhof 21.12.2011

[46] Wir sind gewöhnt, etwas entweder mechanisch zu finden oder gar nicht mechanisch. Jeder Vollzug ist mechanisch, sofern er leibhaft ist – aber eben nicht restlos. Und der Rest birgt das Rätsel.

Und Per Leo weiter: ... *das uns ein Rätsel bleiben wird, das wir niemals lösen, aber auch nie aus der Hand legen werden* (FAZ 16.6.16 S.11). Sollten die Gedichte Paul Celans, die Franz Wurm in seinem Handgelenk wahrnahm, mit dem hölderlinschen Rätsel etwas zu tun haben? Dann gehörten Wink und Flügelschlag zu jenem Reinentsprungenen, wovon Hölderlin sprach. Reinhard Knodt hatte das Rätsel wohl schon einmal in der Hand, als er in seinem *Abenberg*buch aus einem Wirtshausgespräch zitierte: Da sagte einmal einer zum anderen: *Komm!Geh!* Reinhard, bitte leg das Rätsel nicht aus der Hand!

9.

Wir sollten ja nicht aufhören, das Rätsel zu raten und zu beraten. Daher noch einmal ein Rateversuch. Der Flügelschlag winkt uns ab „und" zu, zu „und" ab. Aber dieses „und" addiert nicht das eine zum anderen, sondern es besagt eher: „und zwar" oder „beziehungsweise". So sagt das *Komm! schon Geh!* und das *Geh! n*och *Komm!*. Und der Flügelschlag gibt uns auch den Wink: *Sei es!* Und zwar: *Lass es.* Jetzt brauchen wir die Sprache kaum noch zu strapazieren; jetzt können wir das Sein „und" das Lassen mühelos in dem *einen* Wort *Seinlassen* sagen. Die implizite, innige Zwiefalt ist auch aus dem *Seinlassen* herauszuhören. Wir hören ein Zulassen im Zurücklassen; ein Zurücklassen im Zulassen; oder – wie Heidegger einmal sagte: eine zuvorkommende Zurückhaltung. Ist dies nicht fast schon eine Lösung des Rätsels? - Jedenfalls eine evidentere Lösung, als es uns der metaphysische Krampf von der Identität von Sein und Nichts zumutet.
Analog zum Seinlassen können wir auch vom *Tunlassen* sprechen, womit wir dem additiven Tun „und" Lassen auch halbwegs mühelos zuvorgekommen sind. (vgl. *Kafkas Tao*)[47]. Das Tunlassen kennt wohl jeder Musiker – der Sache nach. Nur das Wort müsste man ihm noch schenken. Wer am Klavier die Tasten bloß drückt, ohne ihrem Widerstand in je verschiedener Dosierung nachzugeben, endet im Krampf und schließlich in der

---

[47] Siehe Anm. 7

Musikmedizin. Auch der Anschlag der Finger des Pianisten ahmt noch den Flügelschlag nach.

10.

Ein andermal sprechen wir noch vom Wimpernschlag, vom Augenaufschlag und vom Augenblick, der dem Wortsinn nach ein Blitz ist; von dem unspaltbaren, unausgedehnten Blitz, der doch gelegentlich blinzelt (F.N.).
All das sind Varianten des Winks. Und der Wink grüßt: Wir sprechen aber auch vom Abschiedsgruß. *Sei allem Abschied voran!* sagt Rilke. Wenn wir grüßen, schwingt der Abschied schon mit. Auch der Gruß weist - um es kühl zu sagen - die implizite innige Zwiefalt des ab- „und“ aufschwingenden Flügelschlags auf; zumindest immer dann, wenn es wesentlich wird.

11.

Kommen wir ganz zum Schluss nochmal auf Paul Celan und die Wahrnehmung von Gedichten im Handgelenk zurück. Einen seiner Gedichtzyklen nennt Celan *Atemwende.* Sollte die Atemwende: die Wende zwischen Ein- und Ausatmen etwas mit der Wende im Gelenk zu tun haben - und somit mit der Wende im Auf- und Abschwung der Flügel? Hier im Schnackenhof war schon einmal von der *Schwingtür* zwischen Ein- und Ausatem die Rede.[48] Und Wilhelm Teepe zitierte seinen Gesangslehrer Hussler mit dem Satz: *Ein- Ausatmen sind dasselbe.*

Das Rätsel erstreckt sich also auf weite Bereiche der Kunst - vorzugsweise der *tonischen* Künste. Der diesjährige Büchnerpreisträger Marcel Bayer sagt: *Dort in der Dunkelheit des Kehlkopfs: das ist deine eigene Geschichte.*[49] (Gemeint ist der Kehlkopf als Raum des stimmlichen Ausdrucks.) Korrespondiert etwa die Dunkelheit des Kehlkopfs mit der Dunkelheit des

---

[48] Die Formel stammt von Jacob Böhme

[49] FAZ, July 2016

Gelenks? Und wie korrespondiert das Rätsel der Atemwende mit dem, was wir leichthin Atmosphäre nennen?

12.

Reinhard Knodt danke ich für die Langmut, womit er den Schnackenhof bis heute geführt hat.

Anhang: – *tonos* oder – *tropos?*

Im Folgenden soll es um eine Heraklitauslegung mit Blick auf das Dichten bzw. Denken Hölderlins bzw. Heideggers gehen.
Auszugehen ist m.E. von Heraklits *Fragment 51 (DK)* und hier von einem Wort, das in zwei Varianten überliefert ist: *palintropos* bzw. *palintonos*.
Das Wort soll den Charakter von Harmonie/Fügung kennzeichnen. Die Varianten lauten also *palintropos harmonie* bzw. *palintonos harmonie.*
Gemäß *tropos*: Wende, wendig hieße palintropos: *gegenwendig*. An diese Variante hat sich Heidegger durchgängig gehalten.
Gemäß *tonos*: Spannung, gespannt – spannend (wörtlich: Dehnung, gedehnt – dehnend) übersetzt Bruno Snell mit *widerspänstig*. Durch die Schreibung *ä* soll eine Abweichung vom geläufigen *widerspenstig* angezeigt werden. Eine ebenso nicht-geläufige Übersetzung könnte *rückgespannt* lauten. Der Kontext von Fragment 51 lässt die tonos-Variante plausibler erscheinen als die tropos-Variante. Heraklit gibt für die gemeinte Weise von Harmonie zwei Beispiele: es sei wie beim *Bogen* und der *Leier*. Gemäß der tonos-Variante hieße das: der Bogen ist nur als gespannter wahrhaft Bogen; die Leier, d.h. die Saite (der Lyra) ist nur als gespannte wahrhaft Saite, denn nur als gespannte schwingt sie. Ein schlaffer Bogen, eine schlaffe Saite *sind* nicht, d.h. sind nicht, was das Wort jeweils sagen will.
Den Bogen und die Leier als gegen*wendig* (palin*tropos*) zu verstehen, fällt dagegen schwer.
Dass Heidegger sich daran hielt, ist auf seinem Denkweg m.E. zur *Wegsperre* geworden. Mit der *Wende* (tropos) ist m.E. die *Kehre* verbunden, wenn nicht beide Begriffe sogar dasselbe sagen sollten. Die Kehre bzw. die Versuche, sie zu sagen, nennt Heidegger sehr spät eine Wegsperre, die zu beseitigen ihm nie nachhaltig gelungen sei. (Jahresgabe der M.-H.-Gesellschaft 2007)
Die Jahresgabe enthält ein unveröffentlichtes Ms. unter dem Titel *„Kehre“? „Sagen der Kehre“*, entstanden zwischen 1973 und 1975. (Heidegger starb 1976)

Es heißt dort: „Ent-sagen als entfangendes Vernehmen und Ent-sagen als das zuvor Empfangene dem Sein zu – und zurücksagen – die Zusammengehörigkeit der beiden *Ent*-lässt dergleichen wie eine *Kehre* in keiner Weise zu. Nötig wurde in der Folgezeit … das sich einlassen … in das Einfache der nennenden *Entsage* ...“
Zwiefältig zeigt sich das „Ent-“ der Entsage, indem es Empfang (Ent- zu Emp- assimiliert) sagt und damit schon entsagt i.S.v. zu- und zurückgesagt.

Für Ralf Elm,
1. Morgen in Weingarten,
1. Juli 2019

... während der Entwurf
im Werfen die Möglichkeit
als Möglichkeit sich vorwirft
und als solche sein lässt
MH: Sein und Zeit 145

missing swing

Im Vollzug denken und sein

Wir entwerfen nur, wenn wir selbst Geworfene sind. In solcherart Denken zu lernen, würde erst erweisen, wieso Denken und Sein dasselbe sind. *Im* Werfen zu denken, hieße buchstäblich, jeglichen Standpunkt zu verlassen, bzw. gar nicht erst zu beziehen. Erst im Werfen, das wir *sind*, lernt das Denken, was es heißt, zu sein.
Im Wurf stehen wir auf dem *Spiel*: *sind* aufs Spiel gesetzt. *Und setzet ihr nicht das Leben ein, so wird es euch nicht gewonnen sein.* Verstehen wir diesen Satz nicht im Sinne vordergründiger Waghalsigkeit, kann er verstanden werden in dem Sinn, dass wir – streng genommen – immer nur auf *eine* Möglichkeit entworfen sind: auf die nur dem menschlichen Dasein vorbehaltene Möglichkeit, zu sterben. Es ist also nur diese eine Möglichkeit, aber eben auch die *Möglichkeit.* Hier erweist sich der Möglichkeitsbegriff als vollkommen unterschieden von Möglichkeit als einer *Option* unter vielen.

Auch der Spielbegriff erweist sich als unterschieden von Spiel als Spielerei. Vielmehr bedarf es des Spiels, damit der Wurf gelingt. An das Spiel im Gelenk des Werfers, etwa des Speerwerfers, darf hier gedacht werden. In jedem kleinen Wurf üben wir den großen. Auch in den Gelenken des Klavierspielers, der sich auf die Tasten wirft, ist der große Daseinsentwurf im Spiel. Auch er ist hier aufs Spiel gesetzt.

Insofern der Entwerfende immer schon der Geworfene ist, kann der Entwurf nicht mehr als willkürliche Handlung eines Subjekts verstanden werden. So setzen wir uns auch nicht willkürlich halbbrecherisch aufs Spiel, sondern *sind* aufs Spiel gesetzt; - sofern wir das Dasein *als* Dasein überhaupt wahr-nehmen.

Im Entwurf aufs Spiel gesetzt zu sein, heißt In-der-Welt sein. Im Werfen, d.h. *Im-Werfend-geworfen-Sein* gibt es keine Schrittfolge. Wir können hier nicht einen Schritt vor den anderen setzen. Es gibt nicht *einen* Schritt, der aus einem *anderen* folgerichtig hervorginge. Es gibt nur den einen, einzigen einigen Entwurf. In dieser anfänglichen *Vollzugs-Einheit* liegt die Einheit von Denken und Sein geborgen. Diese ergibt sich ebenso im Vollzug d.h. im Vollzug des Entwurfs. Nur das Im-Entwurf-Sein gibt den Blick frei für die Einheit von Denken und Sein. Dass hier an den Wurf der Sportlerin oder des Klavierspielers gedacht werden darf bzw. muss, wurde oben gesagt. Somit ist ausgeschlossen, dass die Einheit von Denken und Sein sich *rein geistig* erdenken ließe.

Da der Entwurf nicht iterativ: schrittweise erfolgen kann, sind wir im Nu, also *ruckweise* in das Spiel des Entwurfs geworfen; je nachdem, wie wir das Leben als Dasein wahrnehmen. Je und je rücken wir ins Dasein ein – oder verfehlen es. Solches Rücken vollzieht sich als Ineins von *Ent- und Berückung.* Dies Ineins bleibt vorläufig weitgehend ungedacht. Als Denkhilfe mag hier genügen das von Walter Benjamin *Aura* genannte „Verhältnis" von Nähe „und" Ferne; von Abschied und Anfang. Dass dies kein Verhältnis zwischen distinkten, festen Größen sein kann, versteht sich wohl inzwischen von selbst. Vielmehr müsste hier an ein *Schwingungs*verhältnis gedacht werden. Dies aber *vermissen* wir noch, sofern wir es noch nicht zu denken vermögen. Dazu bedarf es der Übung – und zwar der Übung, im Werfen zu denken.

Vgl. *Schwingungsgefüge* HGA 39, S. 14

Wo aber sind wir,
wenn wir uns mühen,
Rilkes Zuruf zu vollziehen:
Sei allem Abschied voran...?
Wohnende im Tod?
Unbetretenes Gelände,
das – Ende nicht, nicht Wende -
unerhörter Klang
von An-Fang
in reine Nichtung:
Ur-Figur des Seyns -
unzugangbar der Vernichtung -
im Selbander Eins:
Fernste Gegend
Nächster Nahnis.[50]

Für Ingeborg Schüssler

Anfang – Abschied – Austrag Überlegungen zu Heidegger: *Über den Anfang* (Bd. 70. HGA)

1.

An Medard Boss schrieb Heidegger in seinem letzten Brief, er habe das *gemäße Wort* nicht gefunden.[51]

---

[50] Martin Heidegger: Gedachtes. HGA Bd. 81 S. 294. Dazu Lorenz Jäger: Heidegger. Ein deutsches Leben. 2021, S. 525: „Es war dieses Gedicht (Rilke), das für Heidegger in den letzten Jahren seiner *meditatio mortis* seinem Nachdenken über den Tod immer wichtiger wurde."

[51] MH: Zollikoner Seminare. Protokolle – Gespräche – Briefe. Hrg.

Die *Beiträge zur Philosophie* (HGA Bd. 65) tragen in Klammern den Untertitel: *Vom Ereignis*. Der Bd. 70 trägt den Titel *Vom Anfang*. Er setzt die Suchbewegung der Beiträge fort: jetzt wird das Wort *Anfang* danach befragt, inwiefern es das dem Wesen der Wahrheit des Seins gemäße Wort sein kann; inwiefern es also das Sein *sagen* kann (die Sage), und nicht bloß begrifflich aussagen. Heidegger blieb *unterwegs zur Sprache*. Ob er das große Vertrauen in die seinsgemäße Sage behielt, muss offen bleiben.
Ereignis des Anfangs / Zum Austrag im Abschied, so lautet das Motto, das den Überlegungen *Vom Anfang* (Bd. 70) vorangestellt ist. Jetzt wird gefragt, ob *Anfang* sagen kann, was das Wort – nach Heideggers Annahme – sagen soll.
... sofern das Seyn selbst in dieses Wesen, das Anfang heißen soll, zurück winkt und mit dem Wesen Wesung und Wesenheit bestimmt, muss das Denken des Seins das Wort sagen und rechtfertigen oder gar fordern. (S.9.) Sofern also das Seyn selbst in den Anfang zurückwinke, bestimme solches Zurückwinken die Wesung des Seyns. Verstehen wir das befremdliche Wort *Wesung* vollzugshaft, so schwingt in der Wesung der *Vollzug* des Wesens: das Wesen *ist* nur als sich vollziehendes, d.h. als Wesung. Die Wesung vollzieht sich in der Weise des Zurückwinkens in den Anfang. Damit gibt sich auch der Anfang vollzugshaft/wesenhaft zu verstehen, d.h. als *Anfängnis*. Ereignis und Anfängnis – beide Worte sagen den Vollzug/die Wesung des Seins. Zumindest *sollen* sie es sagen. Sie sind dazu gefordert.

Vollzieht sich so die Anfängnis, darf das Wesen der Wahrheit des Seins Anfang heißen. Als Anfang bleibender, d.h. nicht überspielbarer Anfang ist er *wahr*: er bewahrheitet sich, indem er sich vor dem Fortgang bewahrt (auf-ent-hält). So kann das Wort *Anfang* (aletheiisch) die Wahrheit sagen.[52]
Im Zurückwinken spannt sich die Offenheit auf, die den Austrag

---

v. Medard Boss. Ffm 1987 S. 358

[52] Dies schließt auch das Bewähren des Handelns diesseits eines Erfolgs im Fortgang mit ein

ermöglicht und erfordert. Das *Zurück* des Winkens kehrt sich nicht etwa gegen das *Voran* des Fortgangs. Es ist kein lineares *Zurück* gegen ein lineares *Voran.* Vielmehr soll *Zurück* ein *rückendes* (ent-berückendes) *Inzwischen* besagen. So wäre das *Zurück* des Winkens zu verstehen. Durch das einrückende *Zwischen* des Winks spannt sich die Offenheit für den Austrag auf. Die Offenheit hat sich schon anfänglich, inmitten der Anfängnis, aufgetan: inzwischen hat sie sich schon geöffnet – nicht erst in der Folge des Anfangs (der dann nur ein linearer Beginn wäre).
In die Anfängnis des Anfangs ist inzwischen schon die Abschiedlichkeit des Abschieds eingerückt – und mit dem Abschied schon der Unterschied. Im offenen Zwischen des Unterschieds spielt das Ent-Berückende[53] des Winks, der es selbst erst unterschieden hat. Wie das Inzwischen vollzugshaft aufzufassen ist, so auch der Unterschied als vollzugshaftes (Unter)Scheiden. (Wesung des Unterschieds). Das Unterscheiden differiert im Unentschiedenen – und fordert so den Austrag der Entscheidung.

Das Tragen im Inzwischen des Austrags vollzieht sich in der Weise des Schwingens. Im Abschnitt ***Da-Sein und Schwingung*** (S.124 ff) heißt es: *Im Inzwischen dieser einzigen und anfänglichen Offenheit alles Offenen schwingt das Wesen des Menschen, sofern es in den Bezug zum Sein von diesem selbst ereignet. ... Das Wesen des Menschen ... schwingt in dem Bezug des Seyns zu ihm.*
Ist von dem *Inzwischen* die Rede, so verstehen wir dies gewöhnlich räumlich: als Zwischen*raum*, wor*in* sich erst ein Schwingen vollziehen soll. Aber kann von einem räumlichen Inzwischen die Rede sein?
Inzwischen hat schon der abschiedliche Unterschied in die Anfänglichkeit zurückgewinkt!
Dieser Satz will sagen, was sich *eben* vollzieht: was sich inzwischen zeitigt; und zwar inzwischen *schon,* bevor sich der Anfang in Folgen verliert. Das Inzwischen *zeitigt* sich und kann also nicht als räumlich angesprochen werden. Es vollziehen sich in

[53] vgl. GvC: *Vom Wink* und *Sein als Vollzug.* Unveröfftl.,2018

der Zeit.[54] Zeitigt sich das Inzwischen, lässt es sich nicht mehr vorstellen. Es muss *gesagt* (angerufen,beschworen) werden: jetzt im Augenblick. Es kann nicht mehr wie ein Vorgestelltes *aus*gesagt werden. Spricht Heidegger von der *Sage* (im Unterschied zur Aussage), so dürfte er dies Sagen des Sich-jetzt-Zeitigenden gemeint haben.
Die Schwingung des ent-berückenden Zurückwinkens schwingt somit nicht in einem räumlich vorgestellten Zwischen; vielmehr *ist* sie, die Schwingung, selbst das sich zeitigende Inzwischen. Das Inzwischen hat Schwingungscharakter.
Inzwischen schwingt immer schon das anfängliche Dasein als Da des Seyns. *Und zwar sofern es in den Bezug zum Sein von diesem selbst ereignet wird.* (126)
Diese Schwingung meint die unentschiedene Fülle des Entscheidbaren durch das eigene Innestehen des Menschen im Da-Sein. Was das Denken anfänglich nous nennt ... ist bereits eine Art des Vermögens, aus dem sich der Mensch in der Schwingung hält, ohne sie selbst wesensanfänglich aneignen zu können. Vielmehr verschiebt sich der Anteil des Menschen am Sein sogleich in seinem Verhalten zum Seienden. (126)
Im Inzwischen schwingt die unentschiedene Fülle des Entscheidbaren. Durch sein eigenes Innestehen in der Schwingung hat der Mensch *Anteil am Seinsbezug*, sofern er durch das Sein selbst einbezogen ist. Der Anteil des Menschen ist sein Vermögen, sich in der Schwingung zu halten: im Innestehen. (Der griech. *nous*: die Vernunft ist erst abgeleitet von dem Vermögen des Innestehens).

Worin sich der Mensch hält, ist die unentschiedene Fülle des Entscheidbaren, die er *durch* sein Innestehen wiederum im Schwingen hält. Im Zurückwinken des Abschieds in die Anfängnis schwingt eine unentschiedene Fülle, worin ein Entscheidbares mitschwingt. Zur Entscheidung steht das Gelingen des

---

[54] gemeint ist hier nicht die *lineare* Zeit. Wenn in den *Beiträgen* (Bd. 65) von *Zeit-Spiel-Raum* die Rede ist, so wäre dies mit dem *Inzwischen* vergleichbar.

Seinsbezugs im Ereignis. So lange der Mensch sich in der Schwingung nur hält, ohne sie selbst wesensanfänglich aneignen zu können, solange also der Mensch die Schwingung nicht selbst *ist* und das aneignende Ereignis ausbleibt, verschiebt sich sogleich der Anteil des Menschen am *Sein* hin zu seinem Verhalten zum *Seienden.* Im Zurückschwingen des Abschieds in die Anfängnis öffnet sich der Unterschied von Sein und Seiendem. In dieser Öffnung schwingt die unentschiedene Fülle des Entscheidbaren, bezogen auf die (Ent)Scheidung von Sein und Seiendem. Bleibt die Entscheidung aus, verhält sich der Mensch bloß noch zum Seienden. Der Anfang verliert sich in seinen Folgen.[55]
Bleibt die Entscheidung aus, bleibt das Schwingen des *Inzwischen* im Unentschiedenen. Das Menschenwesen bleibt ins Offene der *Unterscheidung des Seins gegen das Seiende verlegt und geworfen. ... Die Kehrungen zum Seienden ... sind vom Seyn, dem wesenden Inzwischen ... durchschwungen ... Die Zukehrungen zum Seienden werden weder von diesem verursacht noch vom Menschen gemacht: sie sind vom Seyn, dem wesenden Inzwischen ... durchschwungen ... Dieses Schwingen ist nicht 'mechanisch' zu denken; es meint, dass das Sein erst Seiendes in das Offene der Offenheit des Seins erhebt und in solchem Heben trägt.* ***Das Tragen im Hin- und Herheben ist das Schwingen***. (126) [Hervorh. v. C.]
Wenn also das oben zitierte Motto der Überlegungen vom Bd.70 lautete: *Ereignis des Anfangs/Zum Austrag im Abschied*, so sehen wir jetzt im genannten Tragen den angezeigten *Austrag*, wie also der Anfang sich im Austrag des Abschieds vollzieht.
Das Tragen im Hin- und Herheben ist das Schwingen. Und die Getragenheit des Menschenwesens stammt nicht aus einer Einsenkung einer Seele in einen Leib. Die Getragenheit ist das Schwingen im Schwung der Geworfenheit aus dem Zuwurf, in den das Seyn sich das Menschenwesen er-eignet zur Gründung einer Wächterschaft der Wahrheit des Seyns. (126)

---

[55] Die Unterscheidung von Sein und Seiendem ergibt sich also aus dem Austrag des Abschieds: aus dem *Vollzug* des Austrags- und nicht umgekehrt.

2.

Der Tod <u>*ist*</u> *Untergang und das* <u>*ist*</u> *höchster Anfang,* <u>*ist*</u> *äußerste Verbergung,* <u>*ist*</u> *Sein.*
So heißt es in Bd. 70, S. 139. Der Tod als äußerste Verbergung dürfte die Rede von Unverborgenheit (Aletheia) in Heideggers Texten auch dort bestimmen, wo explizit vom Tod nicht die Rede ist. Seine implizite, beschwiegene Omnipräsenz würde dadurch gerade bedingt. Das Ereignis der Aletheia wäre somit alles andere als ein bloß „logisches“, durch bloßes „Denken“ zu verstehen. Vielmehr muss es erfahren werden als die äußerste Erfahrung der Existenz: als die Entbergung der äußerst verborgenen Möglichkeit. Den Tod als Möglichkeit[56], nicht als medizinisch eintretenden, nennt Heidegger die äußerste Möglichkeit. Als äußerst (und einzig) möglicher ist er der Erfahrung der Sterblichen äußerst verborgen. *Indem der Tod kommt, entschwindet er.*[57] Indem er sich nähert, entfernt er sich.
Fernste Gegend / Nächster Nahnis heißt es am Schluss eines im Bd. 81, S. 294 (*Gedachtes*) abgedruckten Gedichtes. Die Nahnis, also der Nähevollzug ereignet sich aus fernster Gegend. Die fernste Gegend ist die äußerste Verbergung. In diesem Entfernungs-Nahnis-Spiel (Heidegger nennt es im zitierten Gedicht die Ur-Figur des Seyns) vollzieht sich der Austrag. Von hierher lässt sich auch die Figur des Abschieds-Anfangsspiels und sein Austrag verstehen.[58] In Wahrheit sind „beide“ dasselbe.

Dass der Tod zum Leben gehöre, wird häufig gesagt. Nur *Wie* – das wird selten gedacht. Als Ferne-Nähe-Spiel gibt sich dieses *Wie* zu denken. Walter Benjamin würde (mit Novalis) dieses Spiel auratisch nennen.

Durch sein eigenes Innestehen (s.o.) im schwingenden Austrag habe das Menschenwesen Anteil am Seinsbezug. Sein Anteil sei

---

[56] vgl. M.H.: Sein und Zeit. § 53

[57] M.H. Erläuterungen zu Hölderlins Dichtung 5. Aufl. 1981, S. 165

[58] Man spricht vom Abschied als dem kleinen Bruder des Todes

das Innestehen in der Schwingung. Das Innestehen ist so inständig wie ein Flehen inständig sein kann. Die Schwingung schließt ein Beben und Zittern ein. Darin schwingt Furcht.[59] Daher die Inständigkeit. Der Austrag ist auszuhalten und auszustehen, so erträgt er die Getragenheit. Somit ist das Innestehen in der Schwingung ein Tragen. (s.o.)

Die Getragenheit des Menschenwesens stammt nicht aus einer Einsenkung einer Seele in einen Leib (s.o.) Eine solche Getragenheit des Menschenwesens ist eine Befindlichkeit, die dem Zugriff des Leib-Seele-Dualismus zuvorkommt; die Rede von einer psycho-physischen Leib-Seele-Einheit läuft dem Dualismus hinterher statt ihm zuvorzukommen. Der Bindestrich zwischen *psycho* und *physisch* ist eine Verlegenheit; ebenso der zwischen *senso* und *motorisch*. Die Rede von Leib und Seele müsste also strikt vermieden werden, wollte man den Sachverhalt bedenken, auf den man stößt, sobald man dem Dualismus zuvorkommt. Bedenken wir also die Befindlichkeit der Getragenheit. Ein altes Wort für *tragen* ist *baren*. Gebaren heißt Verhalten, Betragen. Gebärden heißt Austragen – insb. bei Schwangerschaft und Geburt. Die Gebärde ist eine Betragens- und Verhaltensweise. Wenn wir die Gebärde als Vollzugsweise der Getragenheit ansehen, Getragenheit aber nicht als bloß menschliche Befindichkeit, sondern als Befindlichkeit des in das Sein einbezogenen menschlichen Wesens, so kann auch hier die gemeinte Gebärde nicht bloß menschliches

---

[59] *Viele versuchten umsonst, das Freudigste freudig zusagen, / Hier spricht endlich es mir, hier in der Trauer sich aus.* Diese Verse Hölderlins aus *Sophokles* deuten darauf hin, dass Gestimmtheit von den Begriffen, mit denen wir gewöhnlich Emotionen betiteln, abweicht. V.a. Schwingt *Gestimmtheit* immer *mit* der Schwingung des Seins, nie als von ihr isolierte *Emotion*. Erst in solcher Isoliertheit treten die Emotionen auch als *voneinander* Isolierte auf. Und so wurden sie *einzeln* tituliert. Die Rede von Gefühls*mischung* setzt die Vereinzelung immer schon voraus. Vergl. im Anhang: *Gestimmtheit*.

Betragen nennen, sondern vielmehr den menschlichen Anteil am Seinsvollzug.

Vollzieht sich Sein in Getragenheit, so muss die Gebärde als Gebärde des Seins (einschließlich des menschlichen Anteils) verstanden werden. Was Euphorie genannt wird, ist *Wohlgetragenheit* erst, wenn die Inständigkeit in der *zitternd-bebenden* Schwingung schon bedacht ist. Die Getragenheit wird inständig er-tragen.[60]

Heidegger spricht gelegentlich von *Zurückhaltender Zuvorkommenheit.*[61] Darin erkennen wir einen gemäßigten Modus der *Urfigur des Seyns*, von der im vorangestellten Gedicht die Rede ist: vom *unerhöhrten Klang / von An-Fang / in reine Nichtung*; von abschiedlicher Ankünftigkeit; vom Äußersten des Todes, der gerade als solcher *höchste Ankunft gewährt.*

Die *zurückhaltende Zuvorkommenheit* wäre dann also der gemäßigte Modus der extremistischen, vom Äußersten herkommenden Urfigur. Wir könnten auch von *Urgebärde* sprechen. Auf Anhieb lesen wir *zurückhaltende Zuvorkommenheit* als Beschreibung eines bloß menschlichen Betragens / Verhaltens; so, als könnte man den menschlichen Anteil am Seinsvollzug von diesem isolieren. Wir müssen aber die *Urgebärde* als ureigenste Gebärde des Seinsvollzugs als ganzen verstehen lernen.

Womöglich bleibt uns Sein nur im und als Vollzug erfahrbar. Dieser ereignet sich nicht *über* dem Dasein sondern *mittendrin* (daher die Inständigkeit); besser: Er ereignet gerade erst Dasein *als* Dasein. In den täglichen Verrichtungen kann die geglückte Gebärde einer glücklichen Hand – im unscheinbarsten Augenblick – das Sein im Vollzug[62] offenbaren.

---

[60] Zu *Austrag und Erzitterung* vgl. einen Passus aus Heideggers *Beiträgen zur Philosophie (Vom Ereignis)* S. 240: *Die wesentliche Notwehr soll der Not nicht wehren, um sie zu beseitigen, sondern muß, ihr sich erwehrend, sie gerade bewahren und in den Austrag ausspannen gemäß der Erbreitung der Erzitterung.*

[61] vgl. Anhang

[62] vgl. GvC: Sein als Vollzug. Unveröftl. 2018

Anhang

1. ...muß vergehen, um sich zu entfalten

Ganz im Augenblick sein, nicht ständig fortwollen, davon erzählt der Ton vom Vengerov, wenn er Mendelsohn spielt. Der Ton braucht Zeit, und er bekommt sie. Und so eröffnet sein Spiel die tragische Dimension musikalischer Schönheit. Sie muß vergehen, um sich zu entfalten.

Dies schreibt Jan Brachmann in der *Frankfurter Allgemeinen Zeitung* am 27.5.2021. Hier zeigt sich, dass der Ton und die Zeit ähnlichen Wesens sind. Wie die Zeit vergeht der Ton; und *im* Vergehen ereignet sich Entfaltung. *Im* Verklingen erklingt der Klang. Wie der Anfang bedarf auch der Anklang des abschiedlichen Verklingens. Das Halten des Tons („Tenor“) entspricht der Inständigkeit des Austrags. Und es ist eine Schwingung, ein Vibrieren die es inständig auszutragen gilt – so, dass der Ton sich zur Getragenheit öffnet und in der Getragenheit erst zur Entfaltung gelangt. (Sorgfalt gelingt erst in der Entfaltung, die sich dem Erfolg und den Folgen enthält) Indem der „Tenor“ den Ton (aus-)hält, trägt er ihn (vor). So zeigt uns der musikalische Vor-trag, wie Sein sich zeitigt. Jan Brachmann spricht von der tragischen Dimension musikalischer Schönheit. Sollen wir uns darin üben, Schönheit vom Ton und seiner Vergängnis her zu denken und nicht länger nur vom Bild und seiner Beständigkeit her?

Wir können den ***verklingenden Anklang*** als ontisches Analogon des abschiedlichen Anfangs auffassen. Für den abschiedlichen Anfang gilt, dass er Anfang, dass heißt ohne Folgen bleibt. Diese ontologische Seinsbestimmung gilt nicht für die ontische Anklangs-Verklingens-Fuge. Und doch lässt sich ein Verklingen denken, das den Anklang durch- und austrägt – bzw ein Anklang, der schon verklingt, bevor ihm ein lineares Verklingen folgt. Jedenfalls ist das tonale Analogon der ontologischen Ur-Figur von Anfang „und“ Abschied dicht benachbart und eignet sich dazu, die Ur-Figur denken und hören zu lernen. Sollte nach Heidegger nicht das *Hören* die kulturbeherrschende Bedeutung des *Sehens* ablösen?

2. Eine Rose ist eine Rose – ohn warum

Dies sagte Angelus Silesius, der schlesische Engel. Die *So-heit* der Dinge: dass die Dinge so sind, wie sie sind – und nichts (anderes) bedeuten – lernen wir auch vom Zen-Buddhismus.[63] Das Seiende nutz- und wirkungslos zu lassen, das deutet nach Heidegger auf die Wahrheit des Seins. Und dies sei einfach (Bd. 70, S. 43). Wir können dies je und je erfahren. Aber kaum hat dies einmal angefangen, verliert es sich in seinen Folgen und kehrt zurück in die Seinsverlassenheit. Dann sind die Dinge wieder von allen Geistern verlassen, und wir sind wieder verstrickt in unseiende Gegenstände. Sie sind seinslos, weil sie *nichtslos* sind. (S. 79) Sie sind nie bedeutungslos und bedeuten immer nur irgendwas (anderes), das sie nicht *sind.* Und sind befangen in einer *gedeuteten Welt* (Rilke), in der nichts einfach so ist, wie es ist – und folglich nichts wahrhaft *ist.* Dass die anfängliche Erfahrung einfachen Soseins ebenso jäh verschwindet wie sie zustieß, nötigt zu der Frage nach dem Sein und seiner Anfängnis, d.h. nach der Vollzugsweise solcher Anfängnis.

3. Anfang als Raumeröffnung 1

Am deutlichsten bedrängt uns das (Miss-)Geschick der Seinsvergessenheit, wenn eine Handlung *Folgen* hat. Es ist nahezu ein Gesetz, dass Handlungen nicht folgenlos bleiben. Man spricht hier von Zugzwang.

Mit einer Handlung anzufangen – so, dass der Anfang Anfang bleibt, also nicht durch Folgen verdeckt und zurückgelassen wird, ist ein Anspruch, der weder vollziehbar noch denkbar scheint.

---

[63] *Wenn du deinen Ort da gefunden hast,wo du bist, findet eine Übung statt.* Dogen, Japan, 13. Jh.

Heidegger stellt sich diesem Anspruch in *Über den Anfang* (Bd. 70 der HGA).
Zunächst muss *Anfang* abgelöst werden vom *linearzeitlich* vorgestellten *Beginn*. Dass ein Anfang Folgen habe, folgt daraus, dass er linearzeitlich vorgestellt wird, also als Beginn eines linearzeitlichen *Verlaufs*. Dagegen versucht Heidegger Anfang als *Auffang* zu denken: als eine Gebärde der Öffnung, also als ein sich öffnendes An-fangen. Mit der *Gebärde der Öffnung* öffnet sich zugleich ein Raum, besser: die Dimension eines *nichtlinearen Räumlichen*. In diesem Raum gibt es keine Folgen mehr, besser: keine mit Linearität gegebene Folgenhaftigkeit. Die Offenheit des hier gedachten Raums öffnet sich so, dass der Anfang Anfang bleiben kann, ohne sich in Folgen zu verlieren. Dies ist möglich, insofern der Anfang den schon in ihm anfänglich schwingenden *Abschied* in sich eigens auffängt, statt ihn ans Ende eines linearen Verlaufs herauszuschieben. *Sei allem Abschied voran!* (Rilke)
Die anfängliche Öffnung (*Anfängnis*) vollzieht sich so, dass sie sich zurückhält und somit Raum lässt (*einräumt*): den Raum für den Auffang des schon anfänglichen, nicht länger herausgeschobenen Abschieds. In dem der Anfang sich zurückhält, ist er dem Abschied schon voran. Nur so kann er Anfang bleiben. Heidegger hat mehrfach von der Gebärde der *zurückhaltenden Zuvorkommenheit* gesprochen. Darin sind die Überlegungen „Über den Anfang" bündig gefasst. (vgl. Anhang 6. und 7.)

4. Anfang als Raumeröffnung 2

Wenn An-fangen als Auf-fangen zu verstehen ist, dann bedarf es zum Auffangen eines aufmachenden Öffnens. Den Anfang als Eröffnung dachte Hannah Arendt in Bezug auf die politische Raumeröffnung im *Wunder von Philadelphia*. Vgl. dazu: GvC: Die Aletheia der Polis. Hannah Arendt und Martin Heidegger. In: Relationen.Festschrift für Matthias Sell. Hannover 2018. S. 200-205.

5. *Affaire*

Lorenz Jäger geht in seiner Biografie *Heidegger. Ein deutsches Leben. 2021* auf die Wortbedeutung von *Affaire* ein. Das *zu-tun-haben-mit...*umschreibe das *In-der-Welt-Sein* und zeuge vom *Immer-schon-Verstricktsein* des Daseins in die Welt; also von der Unmöglichkeit, Welt wie einen Gegenstand *vor*-zustellen. Jäger denkt die Affaire nicht als Vorgang, der anfängt und endet. Sie höre vielmehr schon auf, indem sie anfängt. Heidegger sei, so Jäger in Affairen verstrickt gewesen, ja er nennt ihn den *verstrickten Denker par excellence*[64]. Seinem biografischen Ansatz folgend verweist Jäger auf die Liebesaffairen Heideggers sowie auf die politische Affaire von 1933/34[65].

Die Liebesaffaire mit Hannah Arendt nimmt Jäger nicht als Geschichte eines Vorgangs, der zwischen Anfang und Ende verläuft. Der Anfang würde sich so verlaufen in der Dauer, die ihm folgen würde.Heidegger und Arendt sprechen schon früh davon, dass es keine Dauer geben würde.[66]

So sind sie- diesem Anspruch entsprechend – *allem Abschied voran* (Rilke).

Sofern dem Anfang kein Fortgang folgt; so ließe sich zugespitzt sagen – bleibt der Anfang anfänglich: die Affaire bleibt anfänglich gestimmt[67] – auch und gerade in der räumlichen Entfernung – bis zum Tode beider: bis in Abschied und Tod[68].

Der Tod sei *äußerste Verbergung*, sagt Heidegger in „Über den Anfang" (HGA Bd. 70). Ein andermal spricht er vom Tod als dem *Gebirg des Seins*. (Gebirg ist hier als Ur-Figur der Ver-/Entbergung zu verstehen.)

---

[64] L.J.: Heidegger. Ein deutsches Leben. 2021. S. 161

[65] Heidegger entzog sich meist Gruppendiskussionen, weil er sich darin verwickelt sah und die Gedankenlinien sich aus seiner Sicht verwirrten.

[66] Hannah Arendt/Martin Heidegger: Briefe 1925-1975 Hrg. von Ursula Ludz. 1998

[67] vgl. im Anhang: *Gestimmtheit*

[68] gemeint ist die Entfernung *Freiburg – New York*

In den letzten Jahren seiner *meditatio mortis* sei für Heidegger Rilkes *Sei allem Abschied voran* immer wichtiger geworden, meint Jäger und zitiert aus Heideggers *letzten Gedichten*:

Wo aber sind wir,
wenn wir uns mühen,
Rilkes Zuruf zu vollziehen:
Sei allem Abschied voran...?
Wohnende im Tod?
Unbetretenes Gelände,
das – Ende nicht, nicht Wende -
unerhörter Klang
von An-Fang
in reine Nichtung:
Ur-Figur des Seyns -
unzugangbar der Vernichtung -
im Selbander Eins:
Fernste Gegend
Nächster Nahnis.

Heidegger spricht hier nicht von der Mühe des Verstehens, sondern von der Mühe des Vollziehens. Wieder ist hier vom An-Fang die Rede. Als solcher ist er Thema von Bd. 70. An-fang ist kein *Beginn* einer linear vorgestellten Zeitstrecke, sondern ein Vollzug. Das auf das Leben Einstürzende will im Seinsvollzug an – also aufgefangen sein. Im An- und Auffangen ist eine besondere Art des Anhaltens gefragt. Sie verlangt Inständigkeit (s.o.). Damit das Anhalten nicht in einer verschließenden Zurückhaltung stehen bleibt, bedarf es *im* Zurückhalten eines Zuvorkommens. Solches Zuvorkommen darf hier nicht zur Zurückhaltung hinzu addiert werden, soll von Seinsvollzug gesprochen werden können. Die *Einheit* des Vollzugs entscheidet über Geschick und Ungeschick[69].
In der Rilke-Zeile *Sei allem Abschied voraus* hat das *sei* (bei Heideggers Zitierung kursiv) einen imperativen Klang. Ist dies als

---

[69] Der Zweitheit nachgeben würde heißen, dem Bösen einen Platz lassen. Vgl. Heideggers Schelling-Interpretation.

Imperativ an menschliches Verhalten zu hören? Wird so der Seinsvollzug allein menschlichem Verhalten aufgebürdet? Das kann nicht sein. Was Heidegegr hier in seiner späten *meditatio mortis* erfahren hat, wissen wir nicht.

6. Zurückhaltende Zuvorkommenheit

Dinge gebärde[70] *Welt: Welt gönnt*[71] *Dinge*, heißt es einmal – sinngemäß – bei Martin Heidegger.[72]
Nimmt man an, dass das Verhältnis von Welt und Dingen beim späten Heidegger an die Stelle des Verhältnisses von Sein und Seienden tritt, so kann der Satz *Dinge gebärden Welt: Welt gönnt Dinge* als Paraphrase für das Spiel der *Aletheia*, - also das verbergende Spiel der Wahrheit des Seins gelesen werden: Welt entbirgt Dinge: Dinge bergen Welt.

Die Wendung *entbergend-bergend* könnte analog zur grammatischen Form etwa von *sensomotorisch* gelesen werden, also wie ein Kompositum zweier Termini. Dies entspricht wohl auch theoretischer Lesegewohnheit. *Entbergend-bergend* möchte aber einen Gestus, also eine Gebärde evozieren, denn eine Gebärde lässt sich m. E. nur evokativ präsentieren, nicht aber terminologisch *re*präsentieren. Für das terminologische Verstehen-*wollen* bleibt zumindest ein Resträtsel, wodurch der evozierte Erfahrungsgehalt eher noch attraktiver würde. Ein Rätsel reizt, der Reiz will gehütet werden.

In den *Erläuterungen zu Hölderlins Dichtung* spricht Heidegger einmal *von zurückhaltender Zuvorkommenheit*[73]. Gelingt es, beim Hören/Lesen dieser Wendung Gestus/eine Gebärde zu evozieren -, ja zu suggerieren? Und zwar so, dass nicht nur ein Bild vor Augen,

---

[70] *gebärden*: gebären, austragen, zur Welt bringen
[71] *gönnen:* Gunst, lat. gratia, griech. Charis
[72] MH: Unterwegs zur Sprache. Pfullingen 1982. S. 22, 24, 28
[73] 5. Auflage Ffm 1981, S. 177 f auch in:“Unterwegs zur Sprache“ (Anm 23) S. 32 f

sondern ein Verhaltensmodus zu Leibe rückt, - dass die Sug-*gestion* fast schon die Gelenke innerviert?

Zurückhaltende Zuvorkommenheit scheint mir das entbergend-bergende Spiel der *Aletheia* leibnah zu vollziehen: Zurückhaltung entbirgt, insofern sie Lichtung/Spielraum gönnt/öffnet – Raum für bergende Zuvorkommenheit.
Auch hier geht es um die *eine* Geste/Gebärde, nicht um die Komposition *zweier* Teilvorgänge. Gelingt die Suggestion dieser Einheit nicht, geht das Verstehen in die Irre. Die Geste ist *eine*, oder sie *ist* nicht.

7. Zurückhaltende Zuvorkommenheit 2

Für Manfred Osten

Dienen ist Zuvorkommen
durch Zurückhalten
Goethe

Es möchte auf Anhieb einleuchten, dass ein zurückhaltendes Zuvorkommen[74] sich als vollkommene, in sich schlüssige, graziöse, *eine* Gebärde zeigt; obwohl doch diese Wendung von dem Paradox eines „Zugleich" von *zurück-* und *zuvor-* zu sprechen scheint. Paradox aber nur dann, wenn wir sie – wie gewöhnlich – in den cartesianischen, leeren und homogenen Raum projizieren – in dem Sinne, dass ein Fahrzeug auf einer Linie zwischen A und B entweder nur vor- *oder* nur zurückfahren kann.

Da es sich hier aber um eine Gebärde dreht, dürfte gerade das scheinbare Paradox wesentlich sein. Uns leuchtet die zurückhaltende Zuvorkommenheit als gestische *Einheit* ein, weil – und nicht obwohl – sie paradoxal anmutet. Zunächst wird uns die Gebärde als Einheit durch die sprachliche Wendung *zurückhaltende*

---

[74] anders als bei Goethe, der die Wendung durch ein *durch* gliedert, ist bei Heidegger die Wendung in *einem* Ausdruck gesagt

Zuvorkommenheit evident. Diese Evidenz beruht aber vermutlich auf einer leibhaftig vollziehbaren Wendung: auf einer im Nu, bzw. im Handumdrehen vollziehbaren Wendung. Das ausdehnungslose Nu zeigt die Einheit der Wendung an. Die Wendung ist, soll sie überhaupt Wendung sein, nicht zusammengesetzt aus zwei Sequenzen (Zurückhaltung *und* Zuvorkommen).
Suchen wir nach einem leibhaften Ort für den Vollzug der Wendung/Gebärde, so kommen wir auf das Gelenk. In der Gelenkschale muss sich im Nu die Wendung ereignen: das Spiel des hohen Abschwungs aus tiefer Ruhe. Das Gelenk scheint – anders als etwa das Pulsieren des Herzens – eher zum cartesianisch-extensionalen, mithin mechanischen Teil des Leibes/Körpers zu gehören. Der Tanz, der sich in Gelenken vollzieht, ist weitgehend als mechanisch beschreibbar (vgl. Kleists „Marionette"), aber eben nur weitgehend: es bleibt ein intensionaler[75], *in sich* differierender Rest. Auch er ist Teil des Leibes, besser: des Leibens. Gerade nah an der Mechanik tut sich das Paradox der Gebärde als *einer* Wendung auf. Und mit dem Paradox bleibt ein Rätsel.
Die Evidenz verdankt sich dem paradoxalen Rätsel und hütet dies. Wäre das Rätsel aufklärbar, wäre es nicht evident. Nur als Rätsel kann es evident sein. Die im Nu vollzogene Wendung ist erblickbar (evident), nicht aber durchschaubar.
Die Gebärde der zurückhaltenden Zuvorkommenheit ist – wie ein Tanz oder ein Musikstück – einübbar, gehört also insoweit zum Verhaltenskodex des kultivierten Umgangs. Dennoch oder gerade deshalb bleibt ein uneinübbarer Rest. Die Übung bringt den Rest hervor, indem sie ihn übriglässt. Der Rest wird nicht in nachlässiger Weise übriggelassen, sondern dieses Lassen spart ein prägnantes Etwas aus und auf: jenes „gewisse Etwas", wovon in kultivierter Zeit einmal die Rede war. (Eine Gunst, ein Charisma, eine Grazie, eine Gnade)
Was sich hier der Willkür des Subjekts entzieht – dabei aber umso leibhafter bleibt; jetzt sogar erst als (leibhafter) *Vollzug* erblickbar,

---

[75] *intensional* ließe sich als Entsprechung des griechischen *palintonos* (vgl. Heraklit Fr. 51) auffassen

ragt über den Bereich menschlichen Vermögens hinaus und muss folglich als ein Vermögen, besser: eine Gunst des Seins angesprochen werden. Somit wird die zurückhaltende Zuvorkommenheit und mit ihr alles Gebärdenhafte[76] von einem anthropologischen zu einem *ontologischen* Thema. Die in der zurückhaltenden Zuvorkommenheit sich zeigende paradoxale Einheit wird zu einem Schlüssel zur Einheit der Welt. Das Denken *solcher* Einheit ist geeignet, das platonische Denken abzulösen. Wo einmal die Welt als Bestandseinheit war, kommt die Welt als Vollzugseinheit in den Blick.

Nachbemerkung:
Das voranstehende Goethe-Zitat verdanke ich dem singulären Gedächtnis Manfred Ostens. Seine intime Vertrautheit mit Goethe (er hat ihn *by heart* gelernt), der Spitze des *Deutschen Geistes*, ist wohl nur vor dem Hintergrund einer unwiederholbaren, wahrhaft individuellen Bildung zu verstehen; besser: zu bestaunen.
Auch ich habe einmal (um 1968) Goethe und den „Geist der Goethezeit" als „bildungsbürgerlichen" Plunder angesehen. Manfred Osten bringt Goethe wieder an die Spitze; selbst wenn an der Spitze *nur* ein einziges Zitat stehen sollte.
Kultur bricht an der Spitze ab, wurde einmal gesagt. Was übrig bleibt, ist allenfalls ein Milieu. Bringt unser heutiges Milieu[77] noch so singuläre Gestalten hervor, wie sie in Manfred Osten begegnen? Wenn nein, dann müssen wir auch Manfred Osten als *letzten Deutschen* (Botho Strauß) erkennen.
Wer spricht heute vom Deutschen Geist noch anders als mit Naserümpfen? Wer weiß noch, dass Oskar Loerke im Jahre 1940 die Anthologie „Deutscher Geist. Ein Lesebuch aus 2 Jahrhunderten" (neuaufgelegt von Peter Suhrkamp 1953) herausgab?

---

[76] die Gebärde lässt sich mit Goethe als in sich bewegte (intensionale) *Gestalt* ansprechen
[77] Bildung wurde durch „Sozialisation" ersetzt

8. Gestimmtheit (Befindlichkeit/Zumutesein)

Wenn Heidegger von der Zerklüftung des Seins spricht, so dürfte das auch die cartesianische Spaltung betreffen. Damit einher geht eine Spaltung, die reine Handlung einerseits und reine Emotion andererseits hervortreibt. Abgekoppelt von der *Mitschwingung* („Konsonanz") mit der Schwingung des Seins bleibt frei flottierende Emotion zurück. Lieben und Leiben verstanden sich einst – dem Wort und der Sache nach – als untrennbar. Dann wurde die Liebe entleibt und blieb als rein subjektiv – innerliche Emotion zurück. War das Ge-fühl anfänglich eine Einheit von *Fühlen und An-Fühlen*[78], so bleibt jetzt nur das reine Fühlen – gegenüber einem auf Technik reduzierten Handeln[79]. Wird heute von Stimmung gesprochen, so im Sinne von frei flottierender Emotion. Solche Art von Stimmung schwankt und bleibt launenhaft gegenüber den sog. harten Fakten des technischen Handelns.
Heidegger spricht dagegen vom schon anfänglich gestimmten Sein – besser: vom *Sein <u>als</u> Gestimmt-Sein*, und erinnert damit an das Sein als Schwingung (einschließlich die fühlend-anfühlende Mitschwingung).
Im Sinne solchen nicht auf Fühligkeit reduzierten Gefühls spricht Heidegger auch von *Befindlichkeit* – und zwar einschließlich einer ortsbezogenen *Vorfindlichkeit*. Befindlichkeit ist von Vorfindlichkeit nicht trennbar, sofern überhaupt von *Da*sein gesprochen werden darf. Im selben Sinne lässt sich von *Zumutesein* sprechen. Auch dies ist schnwankenden Launen nicht mehr unterworfen[80], sondern umspannt das ganze Bedeutungsfeld des *Mutes*; des Gemüts wie des Gefühls. Die abgekoppelten, frei flottierenden Emotionen laden sich wechselweise auf. Auf die entleibte Liebe antwortet ein fanatisierter, entsachlichter Hass. Es kommt eine Spirale von *Liebes- und Hasspropaganda* beschleunigt

---

78 *"Das Fühlen i.S. des Anfühlens ist die Weise, wie wir leiblich sind"* MH: _ _ _

79 Auch das manuelle Handeln (z.B. des Klavierspielers) ist technisch, aber nicht auf Technik reduziert

80 Wohl aber dem Rhythmus des Seins.

ins Laufen. Liebe und Hass verlieren ihre Relationen und werden so verdinglicht – somit Gegenstände einer „wissenschaftlichen“ Psychologie.

Viele versuchten umsonst, das Freudige freudig zu sagen. / Hier spricht endlich es mir, hier in der Trauer sich aus.[81] So dichtete Hölderlin in dem Zweizeiler *Sophokles*. Hier schwingen Freude und Trauer nicht relationslos voneinander, weil sie mitschwingen mit der Schwingung des Seins. Hier – so darf vermutet werden – *trägt sich die Abschiedlichkeit in die Anfänglichkeit zurück*, wie es Heidegger in *Über den Anfang* (HGA Bd. 70) sagt.

Wenn wir vom Sein als Gestimmtheit sprachen, so vollzieht sich im Rücktrag des Abschieds in den Anfang, besser: im Austrag „beider“ eben diese Gestimmtheit. Das Sein *ist* gestimmt. Stimmung kommt nicht zum Sein hinzu wie eine Atmosphäre zu einer Sachlage. Sein *ist* Austrag „zwischen“ Abschied und Anfang. Darin schwingt schon die Gestimmtheit. Das Sein ist schon anfänglich auf diesen Austrag gestimmt. In diesem Austrag schwingen Zumutesein und Befindlichkeit: Liebe, Hass, Trauer, Freude schon anfänglich mit. Solche „Mit“schwingungen sind der Schwingung des Seins nicht äußerlich, sondern machen sie aus. Insofern trifft das „Mit-“ der Mitschwingung am Sachverhalt vorbei. Es gibt keine Addition von Schwingung und Mitschwingung, sondern nur die Einheit der Schwingung des Seins; diese aber differiert in sich.[82]

Fassen wir die Einheit des Seins als gestimmte statt als Addition oder Konstruktion von Beständen, so kommen wir der Verwindung des metaphysischen Dualismus näher. Den Rücktrag bzw den Austrag *im* Rücktrag zwischen Abschied und Anfang als gestimmt aufzufassen, bringt uns der *in sich zurückgespannten Harmonie (palintonos harmonie)* näher, wovon in Fragm. 51 des Heraklit die Rede ist.

Einheit als Harmonie der Gestimmtheit, die sich nicht aus Stimmen addiert, sondern sich *palintonisch*: in sich differierend (gespannt-rückgespannt bzw dissonant-konsonant) ergibt, lässt sich eher

[81] Wenn Hölderlin von *liebendem Streit* spricht, so ist auch hier eine „Konsonanz“ (Mitschwingung)

[82] vgl. Heraklit Frag 51

denken, als eine Einheit heterogener Bestände, welche nur durch abstrakte Allgemeinbegriffe herstellbar ist.
Die Frage nach der Einheit des Seins nicht für obsolet gehalten zu haben, ist Heideggers großes Verdienst. Die spätantiken Debatten um die Dreifaltigkeit Gottes gewinnen so vielleicht ungeahnte Aktualität und eine neue Wendung.
Die Postmoderne hatte mit ihrer schlichten Affirmation des Heterogenen den modernen Dualismus noch überboten. Als palintonische Harmonie ist die Welt keine Bestandseinheit mehr und auch nicht mehr Einheit im metaphysischen Sinn, sondern Einheit im Sinn von Einzigkeit: von der je[83] anfänglichen Einzigkeit eines ewigen Augenblicks. (Auch die jahrhundertealte Frage nach der Ewigkeit fände so eine zeitgemäße Antwort.[84])
Der je-weilige Anfang als erstes „und" letztes Mal ineins ergibt ein jeweils einziges, einstiges Mal. Darin vollzieht sich vielleicht der *Vorbeigang des letzten Gottes*[85]*; sein Kommen „und" Gehen ineins.*
Wenn Botho Strauß von *Einstweh* spricht, so ist hier ein *einstmals* in der einzigen Einheit von *künftig* und (ent-)*gänglich* angezeigt. Das Einstweh als Einheit von Heim- und Fernweh ist vielleicht die Grundstimmung, die im Sein immer schon mitschwingt.

---

[83] *ewig* hieß ursprünglich *jewig*

[84] vgl. Klaus Held: Treffpunkt Plato, (Stuttg. 1990) das Kapitel über Boethius, S. 304 ff

[85] vgl. MH: Beiträge zur Philosophie HGA Bd. 65 S. 405 ff

Kein Stück IST ohne Aufführung
Keine Note IST ohne Vortrag
Nichts IST außer Vollzug

landperformance ballenhausen 2007

Sein als Vollzug (3 Entwürfe)

1.

Steige zurück in den reinen Bezug, heißt es in einem von Rilkes *Sonetten an Orpheus (2, XIII)*. Dieses hatte so begonnen: *Sei allem Abschied voran.* Der *reine Bezug* ist vielfach interpretiert worden. Wir versuchen, ihn als den vollkommenen Daseinsbezug zu denken. Vollkommen wäre er, wenn er den Entzug, der von der Endlichkeit des Daseins herrührt, nicht länger flieht. Statt die ständige Flucht nach vorn zu betreiben, gelte es, zurückzusteigen in den endlichen Raum, wodurch Dasein nur möglich ist. Solch ein Rückstieg ist ein Einrücken in den einzig möglichen Raum, soll er denn Dasein ermöglichen; ein Einrücken in den immer schon bereitliegenden aber immer wieder übersprungenen, überspielten, aufbehaltenen Ort.
Der reine Bezug vollzieht sich also dadurch, dass er den Entzug schon in sich trägt und voranseiend austrägt. Und zwar kommt er ihm zuvor, indem er sich zurückhält. Als ein solches Zurückhalten deuten wir Rilkes *Rückstieg*. Der reine Bezug erscheint dem linearen Denken als Paradox aus *Voran* und *Zurück.* Rein ist der reine Bezug vermutlich, insofern das *Voran* und *Zurück* nicht aufeinanderfolgen, sondern als *eine*, wenn auch in sich gespannte, Einheit sich zu denken gibt. Rein ist solcher Bezug wegen der ursprünglichen, nicht nachträglich kombinierten Einheit. Ursprünglich ist sie, insofern sie *entspringt*; und zwar entspringt sie der gewöhnlichen, linearen, kontinuierlichen Zeit. Sie entspringt dem Sprung im gewöhnlichen Kontinuum der Zeit. Also heißt

ursprünglich hier nicht etwa: *vorzeitlich* archaisierend.[86]
Der reine Bezug *ist* also erst *im* Vollzug des Entspringens. Deshalb können wir vom Vollzugscharakter des *ist* – und somit des *Seins* sprechen. Der reine Bezug ist nicht irgendwo vorhanden; er ist nur *im* Vollzug, d.h. im Vollzug der entspringenden, ekstatischen Zeit.[87]
Das Entspringen der ekstatischen Zeit nennen wir Zeitigung: das Einrücken in die wesentliche Zeit des Seins des Da, also Daseins. Der Zeitigung einher geht die Einräumung des wesentlichen Raums. Dazu unten mehr.

Woher der reine Bezug sich durch Einrückung (bei Rilke: Rückstieg) vollzieht, gilt es, noch näher zu bedenken. Im Einrücken spricht ein dreifach Einiges: a. das noch an eine lineare Richtung erinnernde *zurück;* - b. spielt darin das richtungsneutrale *Rücken* i.S. des diskontinuierlichen *Rucks* im Kontinuum von Raum und Zeit; - c. spielt das Einrücken auf den *Einsprung*/ die *Einkehr* in den vorbehaltenen Ort des Daseins an. Im Entspringen hat sich der Einsprung schon vollzogen.

Dies folgt nicht aus jenem. Das dreifach Einige des Einrückens erfolgt in *einem* Vollzug, nicht als Folge. Die Einheit des Vollzugs verweist somit auf seinen Seinscharakter.
Woher die Bedeutung des *-rück* in der Einrückung? Nicht umsonst reden so viele Begriffe der herkömmlichen Diskurssprache vom -*rück / -re.* Dem Bezug entspricht die *Re*lation. Wörtlich bedeutet Relation schon Rückbezug. Ähnlich die *Re*ferenz, die *Re*kurrenz, die *Re*flexion, die *Re*levanz, die Kor*re*spondenz u.s.w.

Für den Bezug scheint der Rückbezug wesentlich. Bezug *ist* schon Rückbezug. Was nötigt aber dazu? Hölderlin sprach vom *Fortriss der reißenden Zeit.* Offenbar bedarf es des *Aufenthalts*; also des Aufhaltens der reißenden Zeit, welches Aufhalten schon ein

---

[86] vgl. „Ein Rätsel ist Reinentsprungenes", Hölderlins Rheinhymne
[87] Man vergleiche moderne Zeitbestimmungen wie *zeitnah, zeitgleich, zeitversetzt.*

Offenhalten ist, sofern es im innehaltenden Zurückhalten auf den offengehaltenen, vorbehaltenen Ort einräumend verweist und die einkehrende Einrückung so schon vollzieht.
Nochmals: Woher der Fortriss? Vom aus der Endlichkeit des Daseins herkommenden *Entzug*. Dem Entzug entspricht der Rückbezug. So erst vollzieht sich Bezug als voller, reiner, Vollzug. In seinem späteren Schriften tritt bei Heidegger der *Entzug* immer deutlicher hervor. Sein ist vom Seinsentzug kaum noch zu unterscheiden. Hier gewinnt das absolute Nichts des Zen-Buddhismus für Heidegger an Bedeutung.
An einigen Stellen spricht Heidegger von *zurückhaltender Zuvorkommenheit.* Darin erkennen wir Rilkes *Voransein im Rücksteig* wieder. Wir vermögen dies als völlig evidentes, ganz unparadoxes Phänomen zu erblicken. Ja, wir sehen eine Gebärde vor uns, die sich in völliger Eleganz und innerer Harmonie vollzieht. Das kompliziert anmutende Gefüge von Ent-, Be- und Rückbezug weicht einer nahezu selbstverständlichen Gebärde.
„Welt gönnt Dinge: Dinge gebärden Welt" heißt es einmal – verkürzt – bei Heidegger. Wir kommen darauf zurück.

2.

Nach diesen an Zeilen von Rainer Maria Rilke orientierten Überlegungen, die entgegen ihrer apodiktisch anmutenden Sprechweise doch Versuche bleiben, gehen wir über zu einem Satz, den Martin Heidegger in seinen *Erläuterungen zu Hölderlins Dichtung* schrieb: *Indem der Tod kommt, entschwindet er.*[88] In der sog. Todesanalyse in *Sein und Zeit* spricht Heidegger von einem Raum der *reinen Möglichkeit*[89], der sich vom Tode her öffne. Kann es sein, dass der Tod, indem er kommend entschwindet, eben diesen Raum öffnet? Dass er durch sein Entschwinden diesen Raum freigibt bzw. - lässt? Dass er ihn gönnt? (Heidegger übersetzt die griechische *Charis* mit *Gunst*)

---

[88] 5. Auflage, Ffm 1981, S. 165
[89] M.H.: Sein und Zeit, Tübingen 1972, §53 S. 260ff

Wie versteht Heidegger den Raum der reinen Möglichkeit? (Hat er etwas mit Rilkes *reinem Bezug* zu tun?) Raum der *reinen* Möglichkeit ist er, insofern hier Möglichkeit radikal unterschieden ist von jenen Möglichkeiten, die auf Verwirklichung bezogen sind. Rein ist diese Möglichkeit, insofern sie *eine* (einzige) ist im Unterschied zu der Pluralität der Möglichkeiten i.S. von Optionen.[90]

Diese lassen eine Wahl zu. Während eine optionale Möglichkeit durch Verwirklichung verschwindet, wird die reine, eine Möglichkeit größer und weiter im Maße, wie sie sich im vom Tode herkommenden Strom hält und aufhält. Solches Sich-Aufhalten gibt den *Aufenthalt*, ja den Raum des Aufenthalts frei. Bleibt der Aufenthalt inständig, öffnet sich sein Raum zur offenen Weite und gibt/lässt so dem eigentlichen Dasein seinen Raum. Indem der Tod kommt und die eine, reine Möglichkeit auf- und ausgehalten wird, zieht er sich zurück zugunsten eigentlichen Daseins. Er gönnt den Raum des Daseins, d.h. er räumt ihn ein. Diese einräumende Gebärde ist von der Zeitigung der Zeit, die sich hier mitvollzieht, nicht unterscheidbar. Hier ist der Dualismus von Raum und Zeit gegenstandslos, zumal die Gegenständlichkeit selbst hier sinnlos wäre.

(In den *Beiträgen zur Philosophie* ist vom *Zeitspielraum* die Rede. Darin ist, wie Hartmut Buchner vermutet, der Möglichkeitsraum von *Sein und Zeit* wiederzuerkennen.[91])
Indem der Tod in die Nähe rückt, rückt er in die Ferne. (Walter Benjamin nannte solch ein Nähe-Ferne-Verhältnis auratisch.) In der *Rückung* lässt sich die Gebärde der zeitigenden

---

[90] siehe Anhang

[91] H.B.: Heidegger und Japan – Japan und Heidegger. Vorläufiges zum west-östlichen Gespräch. Herausgegeben von Freunden des Verfassers. Nordhausen 2013. - vgl. auch Gustav von Campe: Zeit-Spiel-Raum. Ein Versuch anlässlich von Hartmut Buchners Überlegungen zu Martin Heidegger. www.bautz.de/Autorenverzeichnis 2017

Einräumung/einräumenden Zeitigung phänomenal erfahren. Diese Rückung lässt sich nicht *doppelt* nennen: Sie ist *eine*. In der *einen* Rückung spielen Be-"und" Entrückung. Aber diese Explikation ist rein sprachlicher Art, sie teilt das *eine* Phänomen nicht in *zwei*. Das *und* addiert nicht, sondern expliziert. Es müsste gelesen werden als ein *und zwar*: berückend und zwar entrückend/entrückend und zwar berückend.
Rückung impliziert in *einem* Wort Ent- und Berückung. Die Vorsilben *be-* und *ent-* explizieren das *eine* Wort, ohne es in zwei Worte zu zerteilen. Sie explizieren den *einen* Vollzug, ohne ihn in Teilvollzüge zu zerteilen.

Es muss nun angemerkt werden, dass die Rede vom Tod in vieler Hinsicht missverständlich ist. Der Tod ist kein punktuelles „Ereignis" am Ende eines linear vorgestellten „langen" Lebens. *Der Tod ist Leben. Das Leben ist Tod*, heißt es bei Hölderlin. Der medizinisch-faktische Eintritt des Todes am Ende des Lebens ist für das Dasein insofern bedeutsam, als er ihm *bevorsteht*. Als bevorstehender öffnet er den Möglichkeitsraum, der das *ganze* Dasein überspannt; - sofern diese Öffnung in der Rückung erfahren wird. Der faktische Eintritt des medizinisch feststellbaren Todes ist dem Dasein (vermutlich) nicht erfahrbar, wohl aber der in der Rückung sich einräumende Raum der reinen Möglichkeit. (Raum des eigentlichen Daseins). Diese Möglichkeit hat nach Heidegger (*Sein und Zeit*[92]) einen ganz eigenen Charakter.
Fassen wir den Tod nicht punktuell sondern vollzugshaft; fassen wir ihn also als Seinsentzug, so gibt sich das paradox anmutende *Entschwinden im Kommen* eher zu denken. So vollzöge sich Sein (qua Rückung) *im* Entzug. Der Vollzug des Seins wäre ohne den ihm impliziten Entzug nicht denkbar. Ohne den Entzug lässt sich vom Vollzugscharakter des Seins nicht sinnvoll sprechen.

Zu der Tradition ist der Tod häufig als Person und Akteur dargestellt worden, als ein *Wer* also; dann als ein verdinglichtes, feststellbares Datum, als ein *Was* also; als Entzug gibt er sich als

---

[92] vgl. oben

ein *Wie* zu denken. Dies zeigt, was denken heißt und wie groß die Aufgabe des Denkens ist. Dieser Vortrag kann dafür nur einen Anstoß geben.Herkömmlich wird der Tod als ein dunkler, düsterer Schatten vorgestellt: einem heiteren Leben dualistisch gegenübergestellt. Durch einen so vorgestellten Tod-Leben-Dualismus ist Dasein außer Vollzug gesetzt. Der Tod macht so dem Leben ein Ende. Für die Bewegtheit des Lebens, besser: des Daseins, ist er so ohne Belang.

Man hat Heidegger oft vorgeworfen, er bevorzuge die Sterblichkeit gegenüber dem, was Hannah Arendt als Geburtlichkeit dem vermutlich bewusst entgegengesetzt hat. Das verkennt die ermöglichende Macht des Entzugs und die einzigartige, reine Möglichkeit, die durch den Entzug aufgespannt wird.

Erst was dem Tod-Leben-Dualismus zuvorkommt, kann Dasein heißen: - *in*, nicht *außer* Vollzug gesetzt. - Und sollte seine einzigartige Sterblichkeit nicht der wahre Grund der Würde des Menschen sein?[93]

Bei der Heidegger-Lektüre achte man auf die Heiterkeit, die unscheinbar durch die Schriften, zumal die späten, strahlt. Freilich hat sie nichts mit Humor oder gar Ironie (die vom Zeitgeist bevorzugte Variante von Humor) zu tun.

Wieso in Überlegungen zum Vollzugscharakter des Seins der Tod eine so prominente Rolle spielen musste, hat sich, wie ich hoffe, zu verstehen gegeben.

3.

Dass die Frage nach der Wahrheit des Seins von der Frage nach dessen Einheit abhängt, hat traditionell immer eingeleuchtet. Solange die Einheit aber als Summe und *Bestandseinheit* vorgestellt wurde, kam man allenfalls zu einer metaphysischen Antwort. Wie aber, wenn wir nicht länger nach einer

---

[93] "Nur der Mensch vermag den Tod *als* Tod." Das Tier dagegen verendet (M.H.). Wir können auch sagen: Nur der Mensch vollzieht den Tod als Tod.

Bestandseinheit suchen; vielmehr nach einer *Vollzugseinheit* fragen?
Nicht nach einer Addition von schon als vorhanden geglaubten Bestandteilen (seienden *Was*heiten); vielmehr nach dem *Wie* des alles Seiende aller erst *als solches* entbergenden, seinlassenden Vollzugs? Wäre dann – mit dieser anderen Weise, nach Einheit zu fragen – auch ein anderer Weg zur Wahrheit frei? (Und was könnte dies mit Hölderlins Vision einer *Revolution der Vorstellungsarten* zu tun haben?)
Vom Wahrheits- (Logos-) bezug des *Einen*: - dass also nur das Eine auch wahr sein könne, hatte wohl zuerst Heraklit gesprochen. Das Fragment 50DK lautet so: *Wenn ihr nicht auf mich, sondern auf den Logos hört, ist es weise, anzuerkennen, dass alles eins ist.*[94]
Dass *alles eins ist,* heißt im Griechischen: *hen panta einai.*
Für die drei Stipendiaten des Tübinger Stifts, Hegel, Schelling und Hölderlin, war das *hen panta* das Losungswort für einen Freundschaftsbund mit hochfahrendem Plan.

Man plante ein drittes Testament.[95] Es entstand ein offenbar kollektiver Text: das sog. *Älteste Systemfragment des Deutschen Idealismus.* Auch Spinoza stand Pate bei diesem Vorhaben. Ob es nun *hen pan* oder – wie bei Spinoza *hen <u>kai</u> pan* heißen sollte – über die entscheidende Funktion des *kai,* des additiven *und*, - ob die drei Tübinger darüber gestritten haben, entzieht sich meiner Kenntnis.Hegel ging dann den Weg der begrifflichen *Vermittlung* der Zwei, um zum „Einen" zu kommen, worin die Zwei *aufgehoben* sein sollten. Schelling dachte unter dem Einfluss des zeitgenössischen Elektromagnetismus in *Polaritäten* und sah das

---

[94] Die Vorsokratiker. Übersetzt und eingeleitet von Wilhelm Capelle. Stuttgart 1968

[95] Dem ersten (alten) Testament des *Vaters*, dem zweiten (neuen) Testament des *Sohnes* sollte als drittes das Testament des *heiligen Geistes* folgen, - heilig i.S.v. heil, ganz, einig. Somit rückte die Frage nach der Einheit und der einenden Macht des Denkens in den nun eher philosophischen, weniger theologischen Blick.

Einende in der Spannung. (Man verzeihe mir diese kühne Verkürzung)

Hölderlin greift in seinem *Hyperion-Roman* auf Heraklit zurück: „*Das große Wort, das*
εν διαφερον εαυτϖ (das Eine in sich selbst unterscheidende) *des Heraklit, das konnte nur ein Grieche finden, denn es ist das Wesen der Schönheit und ehe das gefunden war, gabs keine Philosophie.*[96] Hölderlin zitiert hier das Fragment 51DK. Vermutlich zitiert er aus dem Gedächtnis diese wörtliche Wendung *εν διαφερον εαυτϖ*. Bei Heraklit steht *diapheromenon.* Während Hölderlin Heraklit griechisch zitiert, schreibt er irrtümlich *diapheron.* In seiner folgenden Übersetzung ins Deutsche schreibt er korrekt dem diapheromenon entsprechend: *das .... Unterschiedene.* Diapheron würde dagegen bedeuten: das *Unterscheidende*, - im heraklitschen Kontext: das sich in sich selbst Unterscheidende. War Hölderlins Fehlzitierung ein bloßer Flüchtigkeitsfehler; oder neigte er – bewusst oder unbewusst – zum *diapheron*, also zum Unterscheidenden statt zum Unterschiedenen? Im Unterschiedenen ist das Unterscheiden abgeschlossen und insofern Bestand geworden. Das Unterscheidende dagegen befindet sich im Vollzug des Unterscheidens. *Diapheromenon* und *diapheron* unterschieden sich dann also wie Bestand und Vollzug. Ob Hölderlin daran etwas lag, kann ich – vielleicht aus mangelnder philologischer Kompetenz – nicht beurteilen.[97]

Derrida führte den Begriff der Differ*a*nce ein, um ihn gegen den der Differ*e*nz abzusetzen. Vermutlich ging es ihm darum, den vollzugshaften Sinn von Differenz zu markieren. Heidegger schrieb einmal, das *Seiende* sei doppeldeutig: einmal als das zu Bestand verdinglichte Seiende, zum anderen als das im Vollzug befindliche,

---

[96] F.H.: Werke, Briefe, Dokumente. München 4. Aufl. 1990, S. 287F

[97] Hölderlins Begriff des *Gegenrhythmischen* könnte anzeigen, dass ihm sehr wohl etwas daran lag.

quasi auf frischer Tat „ertappte“ Seiende. So verstehe ich die Bemerkung über die Doppeldeutigkeit des Seienden. Es fällt m.E. leicht einzusehen, dass die Frage nach dem Sein des Seienden jetzt als Frage nach dem Vollzug des Seienden zu fragen wäre. Sein hieße dann: Seiendes im Vollzug. Oder: vollzugshaft Seiendes gibt so sein Sein zu erkennen, bzw. zu denken.
Vollzugshaft Seiendes ist seiender als bestandshaft Seiendes. Zur Irritation der Schüler soll Heidegger einmal gesagt haben, es ginge ihm nicht darum, dass das *Seiende seiender* werde.
Seine häufigen Bemerkungen, es müsse nach dem Sein ohne den Blick auf Seiendes gefragt werden, erkläre ich mir so, dass er dabei allein das bestandshaft Seiende gemeint hat, - dass das vollzugshaft Seiende, sofern es denn erblickt ist, aber sehr wohl Aufschluss über das Sein geben kann.

Zurück zu Heraklits Fragment 51. Vom *diapherómenon heautó* wird gesagt, dass es *homologei*: dass das In-sich-selbst-Unterschiedene sich bestätigte bzw. entspreche. Wenn ein schon Unterschiedenes sich *als* Unterschiedenes bestätigt, so wird hier ein bestehender also bestandshafter Dualismus bestätigt. Aber kann Heraklit, der an anderer Stelle gesagt hatte: *panta rei, alles fließt,* dies gemeint haben? Sollte auch Heraklit eher an ein Unterscheidendes statt Unterschiedenes gedacht haben? Die Überlieferung gibt dafür keinen Anhalt, aber wir kennen ja auch nur sekundär Überliefertes. Nehmen wir einmal an, Heraklit würde ein In-sich-selbst-Unterscheidendes gemeint haben, dann würde homologein bedeuten, dass das Sich-Unterscheidende im Vollzug solchen Unterscheidens sich selbst entspricht. Unterscheiden und Entsprechen würden in denselben Vollzug gehören. Ein Sich-entsprechendes Unterscheiden vollzöge sich ursprünglich in ekstatischer Zeitlichkeit (s.o.) als Eines. Deshalb spricht Hölderlin vom *hén* diápheron heautó: von dem sich in sich unterscheidenden *Einen.* Unterscheidung. Bestätigt wird hier die Einheit – und zwar in ihrer Ursprünglichkeit. Bestätigt werden kann nur, was schon längst ist. Eine nachträgliche Einheit wird nicht bestätigt; kann vielmehr nur hergestellt (konstruiert) werden.
Auch wenn Heraklit im Fragment 51 das *hen* nicht ausdrücklich

anführt, so geht das Gemeinte aus anderen Fragmenten deutlich hervor. (vgl. Fr. 50)

Hier möchte ich noch einen Gedanken einfügen. Diaphorein, lat. *differre* bedeutet wörtlich *auseinandertragen*. Das zeigt deutlicher, dass Unterscheiden nicht Trennen heißen muss, sondern wie ein Explizieren des Impliziten i.o.g.S[98] verstanden werden kann: als ein Entfalten *im* einfach *Einfältigen*, wodurch das einfältig Eine nicht zerteilt, sondern gerade in seiner Einheit bestätigt wird.[99]
Hölderlin spricht vom *liebenden Streit* – und Heidegger: der Streit müsse erst erstritten werden. Wir sagen, ein Streit werde ausgetragen. Das könnte heißen, erst im Austrag werde auseinandergetragen, worüber überhaupt sinnvoll gestritten werden kann. Dann erst zeigen sich zwei streitende Parteien. Sie kann es nicht geben, bevor der Streit erstritten ist.[100]
Erst der Austrag i.S. des auseinandertragenden Erstreitens kann den Austrag i.S. des gebärenden In-die-Welt-Bringens, besser: Zur-Welt-kommen-Lassens der Streitsache, ermöglichen. Sprechen wir von Gebärde, so impliziert das immer den Austrag im eben skizzierten Sinne. Ich komme darauf zurück.

Aber wieder zurück zu Heraklit. Am Beginn von Fragment 51 beklagt er, dass die Zeitgenossen seinen Gedanken nicht verstehen. (Deshalb galt er als dunkel und zornig). Dem wahrhaft schwer vollziehbaren Gedanken des in sich differierenden und sich darin gerade bestätigenden Einen: *wie* (hokós) dieser Gedanke sich vollziehen lässt, fügt Heraklit eine Erläuterung an und spricht von *palintonos harmonie.*
Harmonie, die wir wohl nicht mit Fügung[101] übersetzen dürfen, sei palintonisch. Tonos, lat. tonus, bedeutet wörtlich *Dehnung*. Der

---

98 vgl. oben
99 vgl. die heutige Rede vom „Unterkomplexen“.
100 So nannte Niall Ferguson den 1. Weltkrieg den „Falschen Krieg“.
101 Harmonie steht hier m.E. eher für das Eine i.o.g. Sinn

Tonus (wie auch der Ton) dehnt sich. Aber er dehnt sich *nicht widerstandslos*. Der Widerstand spannt den Tonus, weshalb das Sich-Dehnen *in sich* schon ein Sich-Spannen ist.

Der Widerstand ist dem Tonus immanent, er kommt nicht erst hinzu. Der Tonus ist deshalb immer schon gespannt. Wer Tonus sagt, müsste seine immanente Gespanntheit, immer schon mitgedacht haben. Aber hier liegt eine Denkschwierigkeit.
Wohl deshalb bildet Heraklit vielleicht das Kompositum *palin*tonos. Es dürfte gedacht sein als Verstehenshilfe. *Palin-* bedeutet wörtlich zurück. *Palintonos* wäre so die Rückspannung. Das wäre aber ein Pleonasmus, wenn das widerständige *zurück* der Spannung immer schon immanent ist. Die Verstehenshilfe verursacht also eine neue Quelle fürs Missverstehen, so als käme das Zurück/der Widerstand (palin-) erst zum tonos hinzu.
Wie dem Sich-Dehnen des tonos das widerständige Zurück immanent ist, so ist der auseinandertragenden, entfaltenden Differenz ihre Bestätigung als das Einfältig-Eine schon immanent. Diesen Sinn soll es wohl haben, dass Heraklit das *diapheromenon homologie* mit *palintonos harmonie* verständlich zu machen versucht.

Oben haben wir Rilkes *Steige zurück in den Bezug* bedacht. Daraus haben wir Begriffe wie Einrückung, Ent- und Berückung entwickelt. Die Bewandnis des *Zurück* in der Kultur des In-der-Welt-Seins, des Daseins, ja des Seins, deutet sich damit erst an. Aber die Wahrheit (der Logos) sagt sich nicht aus, sie verbirgt sich auch nicht, sondern sie deutet sich an. So etwa heißt es in Heraklits Fragment 93.
Der Seinscharakter des Vollzugs erschließt sich m.E. mit der Bewandnis des Zurück. Vollzug ist nicht linear vorwärtsgerichtet. Ihm eignet eine sich aufhaltende Zurückhaltung, ein Verhalten i.S. der Verhaltenheit. Dann lässt sich auch von Zuvorkommenheit sprechen: von der Gebärde zurückhaltender Zuvorkommenheit.[102]
Es scheint, als wären wir jetzt unversehens bei einer Ethik des bloß

---

[102] vgl. MH.: Erläuterungen zu Hölderlins Dichtung. Ffm 1977f

menschlichen Verhaltens angekommen. Aber sollte denn der Vollzug des Seins über die „Niederungen" des bloß Menschlichen erhaben sein? Bei den Griechen hießen die Menschen: *die Sterblichen.* Rücken wir Heutigen in den Raum des Aufenthalts (s.o.), der auch uns unverändert offensteht, ein, so rückt uns auch die griechische Erfahrung zu Leibe. Solche Berückung lässt sich allerdings durch Verhaltensübung allein nicht herbeizitieren. Sie bedarf vielmehr der Aufmerksamkeit der besonnenen Er-Wartung. Solches Warten bedarf der Gunst des Aufenthaltsraums. Dieser räumt sich ein im Ruck[103] der Entzugserfahrung: in der Unterbrechung des immer nur nach vorn gelebten Lebens.[104] Dasein dagegen vollzieht sich, indem es dem linearen Gegensatz von *vor* und *zurück* differierend zuvorkommt. Die Gebärde des zurückhaltend-zuvorkommenden Differierens ist eine Gebärde des *Seins* und seines gelingenden Vollzugs.

Anmerkung zu S.S. 60

M.H. spricht vom Tod auch als der *äußersten* Möglichkeit. Die *eine*, reine Möglichkeit ist die äußerste (weil am weitesten der offenen Weite offene). Die äußerste Möglichkeit ist zudem

---

[103] Ein Vergleich mit Walter Benjamins Chocktheorie wäre hier wohl aufschlussreich

[104] Rousseau muss mit der Formel *Zurück zur Natur* geahnt haben, dass mit der Vorwärtsstrategie der westlichen Zivilisation etwas nicht stimmt. Nach all dem hier gesagten können wir vielleicht von einem *Zurück ins Dasein* sprechen, wobei klar bleiben muss, dass es mit einer bloßen Umkehrung der Richtung nicht getan *ist.* Vor- *und* Zurück zudenken ist in linearer Hinsicht unvollziehbar. Deshalb ist es die wichtigste Aufgabe, die Vollziehbarkeit dieses scheinbaren Paradoxa in nicht-linearer Hinsicht denken zu lernen. Dazu hilft der ostasiatische Umgang mit Paradoxa.
In der modernen *Flucht nach vorn* (Fortschritt) erkennt Bruno Latour die eigentliche Fluchtursache: Das terrestrische Manifest. 2018

unüberholbar. Während eine der pluralen Möglichkeiten sich mit ihrer Verwirklichung überholt, weitet sich die äußerste Möglichkeit ins je und je Äußerste und ist somit durch alternative Möglichkeiten nicht zu überholen; so M.H.
Hält sich das Dasein im Raum der Unüberholbarkeit auf, so ist es auch von *Mitseienden*, die ihrerseits in ihrem Raum der Unüberholbarkeit sich aufhalten, sofern sie sich aufhalten, nicht zu überholen. Damit ist jedem Überholungswettlauf, jeder sozialen *Konkurrenz* der Boden entzogen. (Elias Canetti sah im Überleben wollen des Anderen den Grund jeder Konkurrenz) So kann (könnte!) jede Begegnung jedes Daseins mit einem Mitseienden konkurrenzfrei stattfinden.

Immer wieder kommt die Anfrage, wo denn bei M.H. eine *Soziologie* ihren Ort habe. Mit dem Gesagten ist die Antwort angedeutet.

Vgl. auch M.H.: Was ist Metaphysik? Ffm 4. Aufl. 1943, S.20

Zuerst den Leib überreden!

Der Leib ist begeistert.
Lassen wir die Seele einmal beiseite.

Unsere heiligsten Überzeugungen,
unser Unwandelbares in
Hinsicht auf oberste Werte sind
Urteile unserer Muskeln

Trau keinem Gedanken, der
nicht im Freien geboren wurde
- und in freier Bewegung,
sodass auch die Muskeln noch
ein Fest feiern

Nietzsche

Teil 2

Zeit-Spiel-Raum

Ein Versuch anläßlich von Hartmut Buchners Überlegungen zu Martin Heidegger[105]

"Es gibt Zeit!"
"Es gibt Raum!"
"Es gibt Spiel!"

Dieser dreifach getönte Stoßzeufzer überrascht uns gelegentlich mitten im drangvollen Alltagsgeschäft. Unverhofft hat sich ein *Zeitspielraum* aufgetan, der in der tag-täglichen Zeit- und Raumplanung bis dahin gar nicht existierte. Wie aus dem Nichts gibt es ihn plötzlich. Der Stoßseufzer lässt uns tiefer Atem holen; lässt einen Windschatten im Strom entstehen: Raum für Gelassenheit. Mit der unverhofften, mithin unverdienten Gabe des "Es gibt..." stellt sich eine fast unwillkürliche, quasi amoralische Dankbarkeit ein. Je drangvoller der Betrieb des Alltags, desto wundersamer die Gabe des "Es gibt...".

1.

Was wir hier mit Heidegger Zeitspielraum nennen, ist - sofern erfahren - ein Phänomen. Es ist in der Weise eines Stoßseufzers hervorgerufen; also durch einen Ruf und keineswegs durch eine (diskursive) Aussage. Ein Phänomen, wird es erfahren, kann auf Anhieb nur erstaunen. Es kann freudig erschrecken. Freude und Erstaunen liegen untrennbar der Ehrfurcht zugrunde. Das durch

---

[105] H.B.: Heidegger und Japan-Japan und Heidegger. Hrsg. v. Freunden des Verfassers. Nordhausen.2013

einen Ruf: eine Sage evozierte Phänomen lässt sich diskursiv, also durch Aussagen, nicht erklären. Deshalb ist der folgende Satz auch kein Erklärungsversuch für das durch den Stoßseufzer hervorgerufene Phänomen des unverhofft sich auftuenden Zeitspielraums: *Indem der Tod kommt, entschwindet er.* Hartmut Buchner zitiert diesen Satz Heideggers an - wie mir scheint - einer zentralen Stelle seiner Überlegungen. Wir verzichten aber vorerst auf eine Interpretation dieses Satzes und folgen den Hinweisen, die Buchner zunächst von *Sein und Zeit* her gibt. Mit Bezug auf §53 *Sein und Zeit,* der sogenannten Todesanalyse, nennt Buchner den hier Zeitspielraum genannten Raum einen Raum der *reinen Möglichkeit.* Reine Möglichkeit unterscheidet sich von den optionalen Möglichkeiten des gewöhnlichen Betriebs dadurch, dass sie unüberholbar ist. Jede gewöhnliche Möglichkeit ist mit ihrer Verwirklichung, worauf sie per se tendiert, überholt. Die Möglichkeit des vom Tode her durchstimmten Raumes bleibt dagegen *reine* Möglichkeit. Der Tod ist nicht ihre Verwirklichung: er steht dem Seinverständnis immer nur bevor. Er bleibt im Kommen und bleibt daher immer nur möglich.

Die gewöhnliche Tendenz, Mögliches zu verwirklichen, vernichtet die Möglichkeit durch Verfügbarmachung.
Im Sein zum Tode dagegen [...] muss die Möglichkeit ungeschwächt als Möglichkeit verstanden, als Möglichkeit ausgebildet und im Verhalten zu ihr als Möglichkeit ausgehalten werden. [1)] Im Vorlaufen in die Möglichkeit nähert sich das Dasein dem Möglichen; taucht mit der Nähe des Möglichen nicht seine Verwirklichung auf? *In dieser Näherung [...] wird die Möglichkeit des Möglichen nur größer. Die nächste Nähe des Seins zum Tode als Möglichkeit ist einem Wirklichen so fern als möglich.* [Und somit ist] *der Tod die Möglichkeit der Unmöglichkeit jeglichen Verhaltens zu...* [2)] *Zu einem Möglichen in seiner Möglichkeit*

verhält sich das Dasein jedoch im Erwarten [3]. Wenn jegliches Verhalten *zu* ... eigentlich unmöglich ist, so müssen wir die Verhaltensweise im Erwarten ein Verhalten *vor* ... nennen. Die Weise von Verhalten, die dem Aushalten des Möglichen; besser: dem Aufenthalt im Raum der Möglichkeit entspricht, ist ein Verhalten *vor* ..., womit dem Wortsinn von Verhalten i.S. der Verhaltenheit besser entsprochen wird als mit einem Verhalten *zu* ...

2.

Buchner erkennt in dem hier skizzierten, in *Sein und Zeit* entworfenen Raum der reinen Möglichkeit die Urszene aller von Heidegger später entworfenen Raumbegriffe, wobei Raum m.E. *szenisch,* d.h. als Zeitspielraum zu denken ist. Dazu unten mehr. Die zitierte Stelle aus *Sein und Zeit* unterscheidet noch nicht explizit zwischen Verhalten *zu* ... und Verhalten *vor* ... . In der Abweisung eines Verhaltens *zu* der reinen Möglichkeit des Todes ist aber der im Spätwerk häufig bedachte Verhaltensbegriff i.S. der Verhaltenheit impliziert schon gemeint. In der ausdrücklichen Herausarbeitung eines Verständnisses des Verhaltens *vor* ... liegt nun nach Buchner die vielberufene *Kehre* auf dem Denkweg Heideggers. Ist in *Sein und Zeit* das Vorlaufen in den Tod noch als intentionale Leistung des Daseins verstanden (wodurch das Dasein noch Züge des Subjekts aufweist), so wird nach Buchner solches Vorlaufen im Spätwerk umgedacht in eine Ontologie der Sterblichkeit. (Hier spricht Heidegger - so wie die Griechen - von den Menschen als den Sterblichen beinahe beiläufig, fast schon konventionell.) Das Verhalten *vor* ... (der Möglichekit des Todes) im Modus des Erwartens ist jetzt bestimmend. Nicht mehr ein intentionales Vorlaufen, sondern ein retentionales [4] Verhalten und *Verhoffen* durchstimmt jetzt den Zeitspielraum der reinen Möglichkeit. Nicht mehr das Vorlaufen zum Tode *hin* , sondern die

Stimmung von ihm *her* durchschwingt den Raum; besser: erspielt das Spiel, das den Spielraum allererst ergibt. Dies Ergebnis (Ereignis) zeigt sich als die Gabe des *Es gibt.* (s.o.)
Wie Heidegger zitiert auch Buchner mehrfach die Zeilen aus Hölderlins Hymne *Mnemosyne:*

... Nicht vermögen
Die Himmlischen alles. Nemlich es reichen
Die Sterblichen eh' in den Abgrund. Also wendet es sich
Mit diesen. Lang ist
Die Zeit, es ereignet sich aber
Das Wahre.

Auch Hölderlins *In-den-Abgrund-Reichen* wäre wohl umzudenken in ein *Reichen-vom-Abgrund-her.* Im Herreichen und Herrühren kann der Zeitspielraum, den es durchmißt, "größer", d.h. weiter werden. Im bloßen Hinreichen würde er, wie meist erfahren, enger und somit angsterregend und düster. Im Zuge des Weiterwerdens lichtet sich die Szene. Die *Lichtung* im verbalen Sinn des Sich-Lichtens durchstimmt die Szene, die so selbst mit verbal-vollzugshafter Implikation sich zu denken gibt: *Szene als Ereignis* (Urszene). Wenn Heidegger gelegentlich - scheinbar lapidar - von *dem Bereich* spricht, so ist auch hier an das zeiträumlich einheitlich szenische Spiel des Reichens zu denken. Um die szenische Stimmung zu betonen, könnte von *Erreichnis* gesprochen werden. Erreichnis zeitigt das Ergebnis des "Es gibt!". Der Zeitspielraum kann nicht als gegeben vorausgesetzt werden: er ergibt sich: räumt sich ein im Spiel des Erreichens [5)]. In einunddemselben Zuge zeitigt die Szene des Erreichens.
Die auch hier aus sprachlicher Not erzwungene kategoriale Trennung zwischen ("zeitlicher") Szene und ("räumlicher") Szenerie spielt der Sache nach bei solch einräumender Zeitigung/ zeitigender Einräumung keine Rolle. (Auch dies ist noch eine

unbeholfene, dualistische Formel). Langmütig müsste das Denken und Sagen dem Sachverhalt zu entsprechen lernen.

3.

In einem Nachwort zu dem Vortrag *Das Ding* ist der Brief Heideggers *an einen jungen Studenten* abgedruckt. Dieser Brief ist an Hartmut Buchner gerichtet. Dort heißt es: *Alles ist hier Weg des prüfend hörenden Entsprechens. Weg ist immer in der Gefahr, Irrweg zu werden. Solche Wege zu gehen, verlangt Übung im Gang. Übung braucht Handwerk. Bleiben Sie in der echten Not auf dem Weg uund lernen Sie un-entwegt, jedoch beirrt das Handwerk des Denkens.* Zwischen der Interpretation des §53 *Sein und Zeit* und Heideggers *Ding*-Vortrag spannt Buchner in seinen Überlegungen einen Bogen. Im *Ding*-Vortrag geht es um das *Geviert*. Dazu sagt Buchner: *Also: die vier Gegenden des Weltgevierts vermögen erst und nur dann aufzugehen und zu walten, d.h. jetzt spiegelnd und spielend zu versammeln, wenn der Ort ihrer Einfalt in sich [...] eine Verwindung des Seins vollbringt bzw. je schon vollbracht hat.*
Diese wie andere Stellen, so Buchner, *wiesen uns zuerst einmal in eine große Beirrung.* Auch dieser Versuch, der sich um einen Leitfaden in den Buchnerschen Hinweisen bemüht, kann nicht verleugnen, dass er sich in großer Beirrung bewegt.
Buchner nimmt Heideggers Satz besonders ernst, wonach es notwendig sei, *Sein inskünftig als Seyn zu schreiben. Wie die Metaphysik müsse auch das Sein verwunden werden. Das Zeichen der Durchkreuzung [des Seyns] kann nach dem Gesagten allerdings kein bloß negatives Zeichen der Durchstreichung sein. Es zeigt viel mehr in die vier Gegenden des Gevierts und deren Versammlung im "Ort der Durchkreuzung".* (Unterstreichung von Buchner)
Das Geviert lässt die Weltgegenden durchgängig begegnen,

weshalb es *die Gegend* heißt. (Auch diese wieder szenisch, nicht bloß räumlich gedacht.) Durchgängig begegnen sich die Weltgegenden (Himmel, Erde, Götter, Menschen), weil die Mitte des Gevierts - im gelingenden Fall- offen ist.
Buchner: *Dann wären die Sterblichen jene, die den Tod in sein Wesen freigeben können. Und was wäre der in sein Wesen freigegebene Tod? Kurz, aber auch missverständlich und selbstverfänglich gesagt: Die reine Offenbarkeit des Nichts - wobei "das Nichts" freilich nicht etwa der Gegenstand der Offenbarkeit wäre, sondern die Offenbarkeit selbst, [...]* In diese Erfahrung müsse das frühere *Vorlaufen zum Tode* umgedacht werden. Dass die Lichtung nicht ohne weiteres Seiendes entbirgt, sondern allererst Lichtung *für* die Verbergung ist; dass die reine Offenbarung das Offene selbst entbirgt - und sonst nichts, - dies zeigt an, wie der Selbstentzug des Seins qua Durchkreuzung sich zu denken geben könnte. Der Selbstentzug des Seins zugunsten der reinen Offenbarkeit/des Nichts lässt das Freie sich auftun, in das die Weltgegenden freigegebenen werden können: in ihr Wesen freigegeben. Das Sein entzieht sich zugunsten von Welt, indem es die Mitte des Gevierts freigibt, damit die Weltgegenden sich durchgängig (unbehindert durch Seiendes) in ihrem Wesen begegnen können - und zwar spielend.
Indem der Tod kommt, entschwindet er, heißt es in den *Erläuterungen zu Hölderlins Dichtung.* Entschwinden heißt nicht verschwinden, sondern In-die-Ferne-rücken/entrücken. Indem der Tod entrückt, kommt er auf die seinem Wesen gemäße Weise (wird in sein Wesen befreit). Dieses (Ent-) Fernungs-Näherungsspiel (man könnte es auch das Spiel der Aura nennen) deutet an, wieso der Zeit*spiel*raum vom (szenischen) Spiel her zu denken ist. Gelingt das szenische Spiel anfänglich, so kommt es der kategorialen Trennung von Zeit und Raum zuvor. Erst als Spiel kommt der Zeitspielraum dieser Trennung zuvor. Dann wird Nähe

weder bloß zeitlich, noch bloß räumlich erfahren. Zugleich ist die Trennung von Nähe "und" Ferne gegenstandslos geworden. Das Spiel des Zeitspielraums ist *auratisch*, insofern es als Nahferne/Fernnahe, d.h. be-entrückend erfahren wird.
Indem der Tod entrückt und so das Spiel eröffnet, gibt er die offene Mitte frei für sein wesentliches, eigenstes Kommen. Imselben Spiel gibt er die Sterblichen frei für ihre eigenste, vom Abgrund her bestimmte Möglichkeit, d.h. in ihr wesentliches, eigenstes Seinkönnen *als* Sterbliche.

Wie bei den Griechen heißen die Menschen: die *Sterblichen*, weil sie den Tod in dieser Weise *als* Tod vermögen, d.h. ihr Seinkönnen von der äußersten, unüberholbaren Möglichkeit her bestimmen lassen können. Die durch Seinsentzug freigegebene Offenbarkeit der Weltmitte (die das Entgegnen von Tod und Sterblichkeit, d.h. ihr Erreichen und Ereignen in ihr je eigenstes Kommen und Seinkönnen ermöglicht) erweist den o.g. Raum der reinen Möglichkeit als Raum reiner Offenbarkeit.
Buchner: *Was hier Offenbarkeit heißt, kennen wir von Heidegger in mancherlei Wendungen: als Unverborgenheit (aletheia), als Lichtung, die Lichtung für das Sich-verbergen, als das Da, als die offene, freie Weite, das Offene, die Offenheit, die Wahrheit des Seyns, die Leere, die Gegnet, die Neigungsgegend und anderen Wendungen. Grundworte also in einem Reichtum, der schier unerschöpflich und unermesslich ist.*
Sich in einem solch unermesslichen Raum zu bewegen, bedarf es wahrlich der Bereitschaft zur Irrnis.
Das Grundwort der *Leere* wurde für Buchner wohl besonders bedeutsam. Denn in der Leere zeigt sich die Verwandschaft des heideggerschen mit dem ostasiatischen Denken. Buchner wurde, so darf man sagen, von Heidegger zu Keiji Nishitani nach Kyoto geschickt, nachdem Nishitani Heidegger in Freiburg besucht hatte.

4.

Keiji Nishitani war Nachfolger von Kitaro Nishida. Wie Nishida war Nishitani Gelehrter, d.h. er kannte die akademische, meist westliche Philosophie.
Zugleich war Nishitani geübter zen-buddhist. Sein *opus magnum* mit dem deutschen Titel *Was ist Religion?* veruscht, die Übung des Zen in westliches Denken einzuführen. Hier kam ihm das Denken Heideggers wie kein anderes entgegen.
Hartmut Buchner hielt sich von 1958 bis 1962 meist in Kyoto auf. Er konnte, wie er einmal sagte, Nishitani tags und nachts aufsuchen. Ende der 80er Jahre las er dann im Kreis junger Leute das inzwischen ins Deutsche übersetzte Buch Nishitanis - so beirrt, wie heidegger es ihm geraten hatte. So habe ich, als ich an der Lektüre einmal teilnehmen durfte, es jedenfalls erlebt.
Die deutsche Übersetzung von *Was ist Religion?* ist von der englischen angefertigt worden. Nishitani, der Deutsch konnte, hat die deutsche Übersetzung allerdings begleitet. Dennoch gibt es bei der Lektüre unüberwindlich scheinende, philologische Probleme. Buchner gestand einmal, dass auch seine Japanisch-Kenntnisse nicht ausreichten, die Zuverlässigkeit der Übersetzung an wichtigen Stellen zu überprüfen.

Hartmut Buchner hat sich in dem hier zu besprechenden Band nicht explizit auf Nashitani bezogen. Ich meine aber, dass die Reihe der heideggerschen Raumbegriffe, wie sie in den vorigen Abschnitten skizziert wurde, durch Buchner vom *Feld der Leere (sunyata)* her, des meines Erachtens zentralen Begriffs bei Nishitani, entworfen wurde.

Auf die oben zitierte *reine Offenbarkeit des Nichts* kam es meines Erachtens Buchner an.

Der heideggerschen Rede vom Selbstentzug des Seins *(Das Sein stellt sich selbst mit Vergessenheit nach)* qua Selbstdurchkreuzung entspricht bei Nishitani der Durchbruch auf das Feld der Leere. So wie bei Heidegger die Durchkreuzung nicht bloß durchstreicht, sondern öffnet, so tendiert bei Nishitani der Durchbruch auf den Boden der bloßen *Soheit* der Dinge. Wäre auch eine Übersetzung in *nackte Daßheit* zulässig?

Nach Rilke sind wir befangen in der *gedeuteten Welt.* Alles ist mit Bedeutung beladen und besetzt; schlimmer noch: mit Werten. Alle Deutungen, alle Metaphern, Bilder und Sinn*gebungen*, alle kausalen Begründungen fallen im Durchbruch ab. *Eine Rose ist eine Rose- ohn warum?* (Angelus Silesius)

Lichtet sich die mit Deutungen verstellte, zugestellte Welt, so vollzieht sich Lichtung als Nichtung: als Lichtung *für* die Verbergung. Das Sein entzieht sich zugunsten solcher Entleerung: der Offenbarung reiner Offenbarkeit; zugunsten der Einräumung/Zeitigung des reinen Raums der nackten, leeren, sinnfreienDaßheit. Jetzt zeigt sich eine *Gunst* des Entzugs, die nichtet ohne zu vernichten. Jetzt erst kann das Erstaunen: *dass überhaupt etwas ist und nicht etwa nicht!* einsetzen. Solcher Gunst mag sich die o.g. Gabe des "Es gibt..." verdanken. Jetzt wird die *Daß*frage nicht länger von der *Was*frage (TÍ TÓ OV?) verstellt. Jetzt ist der Vorrang der Essenz vor der Existenz gebrochen. Und jetzt kann solcher Gunst die *Gebärde der Dinge* entsprechen. *Welt gönnt Dinge/Dingegebärden Welt,* heißt es einmal sinngemäß bei Heidegger. Das szenische Spiel von Gunst und Gebärde räumt sich seinen zeitspielraum ein, indem die Szene ihr Spiel zeitigt.
Mag sein, dass hier eine westliche Denkhaltung vorschnell auf einen positiven Boden zurückdrängt; dass die östliche Tendenz zum Durchbruch auf ein *absolutes Nihilum* vorschnell abgebrochen

wird; so wie wir westlichen Intelektuellen, sollten wir je das Zen zu üben versuchen, die Übung meist vorschnell abbrechen.

Hartmut Buchner, so schien mir, war gegen solch vorschnelle Abbrüche gewappnet wie niemand sonst. Er schien sich im *Feld der Leere* aufhalten zu können. Es mit ihm, wenn er schwieg, auszuhalten: damit fing die Übung schon an. Wer Heideggers Frage *Was heißt Denken?* ernst nimmt, muss, so scheint mir, mit solcher Übung anfangen.
Jene, die Buchner kannten, wussten, mit wieviel Skrupel er schrieb. Lieber hätte er wohl nicht geschrieben - und sich darauf beschränkt, in kleinen Kreisen wichtige Passagen wieder und wieder zu lesen - den Kosmos aller wichtigen Passagen vor dem wachen Andenken. Den Vorträgen, die in dem hier zu besprechenden Band gesammelt sind, sind, wie mir scheint, die Skrupel des Schreibens anzumerken. Von einem diskursiven Kontinuum kann nicht gesprochen werden. Die Besprechung ist also auf Interpolationen angewiesen. So erging es mir jedenfalls. Hinzu kommt allerdings auch ein Eigensinn meinerseits.

In einer 30-jährigen Auseinandersetzung mit einem Denken nach Heidegger haben sich eigene Wege angebahnt, die ich hier nicht außer Acht lassen konnte.
Wie könnte ein Gedenken eher glücken als so, dass wir denken? hatte Heidegger einen Vortrag zum Gedenken an Max Kommerell begonnen. So möge auch mir ein Gedenken an Hartmut Buchner, der am 30.7.2004 starb, dadurch gelingen, dass ich ihm eigenes Denken zuwende.

5.

Im Oktober 1990 hielt Buchner im Ratssaal der Gemeinde Grassau-Rottau ein deutsch-ungarisches Symposion ab. Das Thema: *Der abendländische Anfang im Denken Martin Heideggers.*

Hier hielt Klaus Opilik ein Referat zum Titel des Symposions. Dort heißt es:

Denn nur wenn sich das Ausbleiben des Seins qua Entzug eine Stätte seiner Ankunft einräumt, kann es sein - wie Heidegger es nennt - "Entgegendenken" geben, das, indem es den Ausbleib nicht auslässt (oder überspringt v.C.)*, das im Auslassen verwahrte eigens vernimmt.*

Mir scheint es - angesichts der Weltlage - nötig, mit gespannter Erwartung darauf zu achten, wo sich der Seinsentzug eine Stätte einräumt, damit dem im Entzug Verwahrten entgegengedacht werden kann. Vielleicht zeigte sich dann, dass die Frage, zugunsten wovon der Entzug sich vollzieht, im Vorigen vorschnell beantwortet worden sein könnte.

Für Hartmut Buchner hatte, wie er mir einmal zum Abschied sagte, die *Wofrage* den Vorrang vor der Wasfrage - und auch vor der Wiefrage. Daher sein durchgängiges Achten auf den Raumbegriff.

Bisher haben wir Gott
nur verschieden substituiert[106].
Es kommt aber darauf an,
das Entschwinden zu ertragen.

Dem Andenken
an Hartmut Buchner,
Gest. am 30.7.2004

Das Entschwindendste

Wir sprechen hier vom Entschwinden allein, d.h. wir sehen zunächst ab von der Frage, wer oder was hier entschwindet, - ja ob überhaupt jemand oder etwas entschwindet. Wie nach MH das Sein (als Anwesen) abgesehen von Seien*dem* zu bedenken ist so auch das Entschwinden (als Abwesen) abgesehen von Entschwinden*dem*.
Das Entschwinden lässt sich nicht betrachten wie ein vorstellbarer (linearer)Vorgang, - vielmehr entschwindet es *uns* und *mit* uns, - sonst wäre es kein Entschwinden. Nur als erfahrenes und ertragenes ist das Entschwinden daseinsrelevant, - und zwar nicht so, wie wir einen uns von außen zustoßenden Vorgang subjektiv, passiv hinnehmen, - vielmehr so, dass wir das Entschwinden als einsolches ursprünglich er-fahren und er-tragen und somit erst vollziehen (so wie wir im Dasein einen Berg nicht als einen vorhandenen besteigen, sondern ihn *er*-steigen, d.h. erst *durch* unser Steigen Berg sein lasse).
Wir müssen also vom *Entschwindenertragen* als einer ursprünglichen Vollzugseinheit sprechen. Sie ist in kein Kausualverhältnis auflösbar. Von einem Wechsel- oder Korrespondenzverhältnis zu sprechen, wäre ein hilfloser Versuch

---

[106] Die Substitutionsreihe: *Gott -> Geschichte* (19. Jh., Arbeiter)-> *Gesellschaft* (2O.Jh.,Frauen und Fremde), vgl GvC: *Race and Gender*. Blätter zur Lebensreform 5

der nachträglichen, die ursprüngliche Einheit schon überspringenden Begriffskonstruktion.
Das Entschwindenertragen ist kein linearer sukzessiver Vorgang, den wir *betrachten* könnten, sondern es vollzieht sich je und je, d.h. rhythmisch - und zwar im Maße, wie es sich mit uns vollzieht. Wir ertragen es im Maße, wie es sich uns zu-trägt et vice versa. Je entschwindender, desto ertragender. Je ertragender, desto entschwindender. Die ursprünglich gefügte Einheit von Zutrag und Ertrag erstreckt sieh in den Austrag, - besser: sie erstreckt den Austrag erst ursprünglich im Maße, wie er sich zu erstrecken vermag[107].
Das Entschwinden erstreckt sich ins Äußerste, besser: erstreckt das Außerste (und uns mit) - je nach Ertrag. Wir erstrecken und ertragen das Entschwinden ins Äußerste - und zwar je und je, d.h. je-weilig. Diesen Modus nennen wir Rhythmus.
Im Erstrecken reichen wir ins Äußerste, ohne dort im linearen Sinn punktuell anzukommen. Wir er-reichen es je und je, - aber dies ist kein Fortschreiten, wohl aber ein Weiter (=ins Weite) kommen.

[107] vgl. GvC: Austrag und Erzitterung

Samsara als Nirvana.
Überlegungen zu Keiji Nishitani : *Was ist Religion?*[108]

1.

Es scheint, so dürfen wir bei allem Vorbehalt angesichts der ungeheuren Sprachbarriere zwischen dem Japanischen und dem Abendländischen vermuten, als bewege sich Nitshitani in den sechs Kapiteln von „Was ist Religion?“, entlang der Bewegung vom platonischen *eidos* als beständiger Gestalt hin zur aristotelischen *energeia* als einer Qualität (Soheit), die er im 5. Und 6. Kapitel häufig als dynamisch kennzeichnet.
V.a. der Ausdruck „dynamisches Verhältnis“ weckt Aufmerksamkeit, - sofern Verhältnis hier womöglich als Auffangmöglichkeit für einen Dynamismus, der sich bloßer Opposition zur Statik verdankt, aufgefasst werden darf.
In *Verhältnis* spricht ein Halten in Dynamik, - ein Einspannen von Dynamischem *in* gestalthafte Rhythmik. Wie kein anderes Wort der abendländischen Tradition spricht *Rhythmus* von einer ursprünglichen Einheit, die dann analytisch in Begriffen wie Gestalt und Bewegung, Statik und Dynamik usw. aufgetrennt wurde.

2.

Spricht Nishitani in den ersten Kapiteln durchgängig von *Sein*, so in den letzten Kapiteln meist von *Sein-Tun-Werden*. „Werden“ allerdings nicht i. S. v. evolutionärem Wachstum/Fortschritt, sondern als wellenförmige, nie gleiche Wiederholung, also – so könnten wir einfügen – als Rhythmik. Wird vom Sein als Nichts gesprochen, so wird das westliche Gehirn in seiner Gewohnheit (Widerspruchsfreiheit) heftig strapaziert, da *das* Sein gewöhnlich

---

[108] 2. Aufl. Frankfurt/M 1986

als Substantiv mit bestimmtem Artikel, - als ein Etwas, ein ganz bestimmt substantiell, positiv Seiendes vorgestellt wird. Wie soll das mit seiner Negation identisch sein?
Wir wissen nicht, ob das japanische Wort/Zeichen in ähnlicher Form ein Etwas vorstellt, - die östliche Denkweise also ähnlich strapaziert ist, wenn sich Sein *als* Nichts zu denken gibt. Welches japanische Wort/Zeichen wird überhaupt mit *Sein* übersetzt? Und welches mit ‚Sein-Tun-Werden'? Hat Nishitani hier überhaupt Bezugsgrößen in der japanischen Sprache – oder denkt er von vorn herein in den abendländischen Termini, um dann vielleicht nachträglich Bezüge aufzuspüren?
Lassen wir uns von der Vermutung leiten, dass *Sein-Tun-Werden* als Qualität/Soheit dem Japanischen eher entspricht als *Das-Sein* als Bestand/Washeit, - und dass Nishitani dies entdeckt während des – jahrelangen- Schreibens: im Nacheinander der Kapitelfolge.

3.

Wenn nun auf S. 390 vom *Tun-als-Nicht-Tun* die Rede ist, so scheint hier die Denk-Strapaze geringer, wenn wir einigen Hinweisen Nishitanis folgen.
Wir bekommen im Westen inzwischen eine Ahnung davon, dass unser Tun, je mehr wir ihm einen Sinn zu *geben*[109] versuchen, und je mehr sich der Prozess solch „sinnvollen" Tuns beschleunigt, zugleich immer sinnloser zu werden droht. Umtriebiger Aktivismus (Workoholismus) verbreitet sich, gerade nachdem die Blockaden des alten Ost-West-Gegensatzes aufgehoben sind, sprunghaft. Die neue/alte Weise von Ost-West-*Verhältnis* erscheint (wieder) am Horizont.
Im Maße, wie das Tun sich lichtet, nichtet es sich. Im Maße, wie ihm ein Sinn ge*geben* wird, breitet sich Ent-Täuschung aus. Unter den Schlägen der Enttäuschung läutert sich (vielleicht) der mit dem Ziel der Selbstbehauptung angetretene abendländische Mensch. Mit dem Mut der Verzweiflung entdeckt er die unter der gehäuften

---

[109] Johannes Ernst Seiffert spricht deshalb von Sinn*nahme*

Sinngebung immer schon gelegene Leere: entdeckt die Nichtung als Lichtung. Mit genügend Mut zur Angst (und sofern ihm überhaupt ein freies Verhältnis zur Angst vergönnt ist) macht er die Erfahrung durch, dass die Nichtung sich zwar als Nihilum, als solches aber gerade als das Freie der Leere, d.h. als Lichtung auftut (sofern sie es tut).

Mit Dogen spricht Nishitani vom Abfallen von Leib/Seele. (Das Japanische kennt offenbar nur ein Wort/Zeichen) Mit Nietzsche spricht er von der Entdeckung der *Großen Vernunft* des Leibes. Die Vernunft dient in der westlichen Tradition als Instrument der Sinn*gebung*, die ihrerseits als Instrument dazu dient, Vorschriften für das leibhaftige Tun zu deduzieren. Im Zuge der Läuterung jedoch entdeckt sich der Leib selbst als Vernunft und zwar als große, d.h. einschließlich dessen, was sie, die Vernunft, sich unter dem Begriff ‚Sinnlichkeit' seit Plato entgegengesetzt hat.

Fällt die Last des vor-geschriebenen Sinns ab, so steht der Leib in seiner nackten Soheit da – so, wie er immer schon dagestanden hat. (vgl.:'Des Kaisers neue Kleider') Jetzt ist der Sinn dem Leib nicht mehr vorgesetzt, sowie die Vernunft dem Sinn nicht mehr länger vorgesetzt ist. Der Leib ist frei *von* Sinn und dadurch frei *für* ein Tun gemäß seiner ihm innewohnenden Vernunft, der ihrerseits, wenn nicht der Sinn, so doch das nicht länger *vor*gesetzte Sinnen innewohnt. (Rudolf zur Lippe)

Die Vernunft *gibt* nicht länger Sinn, sondern ist, als was sie je und je gewesen ist: Ver-*nehmerin*: Organ des Gewahrseins (awareness) eines in seiner ganzen Blöße – mit allen Sinnen – der Welt ausgesetzten, leibhaftigen Daseins.

4.

Formulierungen wie ‚Jetzt nicht mehr…' oder ‚Jetzt nicht länger…' lesen wir vermutlich durch die eschatologische Brille des jüdisch-christlichen Jenseitsglaubens – einschließlich seiner säkularisierten Variante des Fortschrittglaubens. Aber erstens geschieht der befreiende Durchbruch hier nicht nach vorn, sondern allenfalls nach unten: er *legt* frei, was immer schon (je und je) unter unseren Fußsohlen *ist*. Zweitens geschieht kein einmaliger historischer, dramatischer, Geschichte enden bzw. beginnen lassender Einbruch, sondern ein unscheinbares Durchsichtigwerden der einfachen, sinn-losen Dinge in ihrer alltäglichen Soheit, deren Durchsichtigkeit sich je und je ereignet hat und ereignet, - d.h. ewig – täglich wiederkehrt, - gestützt eher durch Übung als durch Glauben.

5.

Im Schwerecharakter des täglichen Daseins erkennt Nishitani die gemeinsame Ausgangslage westlicher und östlicher Religiosität. In jüdisch-christlicher Tradition wird die Beladenheit auf eine Erbsünde zurückprojiziert. Diese stiftet einen imaginären dramatischen Anfang von Geschichte, der ein dramatisches Ende: Strafgericht und Erlösung zur Konsequenz hat.
Dieser Sinn lastet nun auf dem täglichen Tun und entzieht ihm sein einfaches Dasein indem er ihm seine Soheit entzieht, es außer Kraft und Vollzug setzt. Was bleibt: „der Glaube allein!“ (Luther) Die östliche Übung nimmt den Schwerecharakter in seiner alltäglichen Dosierung an, tut auch etwas zur Entlastung, ist aber darauf gefasst, dass jedes Tun neue Belastung auflädt.

Diese quasi stoische, undramatische Haltung steigt keineswegs aus der samsarischen Verwicklung in den kausalen (Schuld-) Zusammenhang des alltäglichen Tuns aus, blickt ihm nur – *im* Vollzug und seinen Wiederholungen – unentwegt ins Auge und wird so der Durchsichtigkeit des ‚Samsara *als* nirvana‘ gewahr – wiederum ohne aufzuhören, das tägliche Tun zu wiederholen, - nur vielleicht so, dass sich die Schwere erleichtert (lichtet), ohne ein Kilogramm leichter geworden zu sein.
Samsara als Nirvana: Sein-Tun-Werden als gelichtet-genichtet-durchsichtiges nennt Nishitani nun Spiel.

6.

Soviel Ernst wie am tief ins Spiel versenkten Kind sich zeigt, soviel Heiterkeit scheint durch die Verzweiflung des tief ins Sein-Tun-Werden eingelassenen Daseins. Nishitani verweist auf S. 329 auf Heraklit sowie auf Nietzsches Beobachtung des „selbstvergessenen und heiter auf dem reinen Feld der ‚Unschuld des Werdens' vor sich hinspielenden (wellenförmigen v. C.) Willens". Mit Ausdrücken wie ‚durchsichtig' oder ‚durchscheinen' gebrauchen wir Termini aus der Tradition des vom optisch-okularen Sinn dominierten, westlichen Denkens. Damit erleichtern wir uns den Zugang zur Denkbarkeit von ‚Samsara *als* Nirvana'. Aber weichen wir damit nicht doch der Zumutung aus? Öffnet sich Erfahrung/Weg nicht gerade dort, wo das Denken vor den Kopf gestoßen wird, und gerade dadurch, *dass* es vor den Kopf gestoßen wird?

Fredelsloh, Juli 2002

Endlich einer, der es verstanden hat
Ursula Ludz

Die Aletheia (Freiheit/Wahrheit) **der Polis** (als Urszene).

Hannah Arendt und Martin Heidegger.

(mit einer soziologischen Schlussfolgerung)

Zoltan Szankay zum Andenken

Hannah Arendts Satz, der Sinn der Politik sei die Freiheit, muss zunächst in einer vorpolitisch anmutenden Weise bedacht werden. Ursprünglich – und dem Wortsinn nach – ist *polis* weder Staat noch Stadtstaat, sondern Ort: Pol, um den sich alles dreht. „Der Pol ist der Ort, um den sich alles Seiende wendet, so zwar, dass im Bereich dieses Ortes sich zeigt, welche Wendung und Bewandtnis es mit dem Seienden hat".

Damit Seiendes sich in seiner Bewandtnis zeige, muss es sich als Ganzes zeigen können. Als Ganzes kann es sich zeigen, wenn sich alles um *einen* Pol dreht und wendet. Aus solcher Wendung zeigt, d.h. entbirgt sich Bewandtnis. Entbergend ist die *Gebärde* der Aletheia: das Hervorblicken und - blitzen aus Verborgenheit – und zwar als aus der Drehung heraus aufblickendes Blitzen und so aus einer vorübergehenden Wendung sich zuwendende Bewandtnis. Zuwendung ist zugleich Zueignung; - deshalb finden die am Pol Anwesenden in der Gebärde der Aletheia ihre Eignung als politische Wesen. Indem hier das Seiende im Ganzen als Welt, d.h. als Politikum aufblitzt, ereignen Welt und Menschen einander. Im

Ereignis blitzt das Seiende in seinem Sein auf, um schließlich ganz darin aufzugehen.
Bis in die Mitte der 30er Jahre sah Heidegger in der Staatsgründung einen Weg zum Ereignis der Aletheia. Dann tritt – bedingt durch seinen Irrtum von 1933/34 – die Dichtung an die Stelle. Hannah Arendt – in Marburg schon auf den Weg zum Ereignis gebracht – hält an der Polis-Gründung als ausgezeichneter Weise der Wahrheits- und Freiheitserfahrung fest.

Zwischenbemerkung: Die Wahrheit als Entbergung (Gebärde der Aletheia) und nicht länger als *adäquatio intellectus ad rem* zu denken, lässt sich um 1919 als Heideggers philosophische Grunderfahrung ansprechen. Darin hat er selbst seine Eignung zum Denker gefunden – und damit auch schon den Weg zum Ereignis eingeschlagen.
Wieso ereignet sich in der als Aletheia gedachten Wahrheit zugleich Freiheit? Sodass H.A. sagen kann, der Sinn des politischen Wahrheitsgeschehens sei die Freiheit? („Politisch" soll im Folgenden wiederum im vorpolitischen Sinn als „Geschehen am Pol" aufgefasst werden.)
Seit der Entdeckung des Elektromagnetismus wird der Pol in der Polarität von Anziehung und Abstoßung gedacht. Das sich um den Pol alles drehe und wende, könnte – muss aber nicht – so verstanden werden. Aus der Wendung entbirgt sich Bewandtnis. Entbergung lässt Unverborgenheit, Aletheia aufscheinen. Dass aus der Wendung um den Pol das Seiende in seiner Ganzheit und Bewandtnis sich entberge, hat aber zur Voraussetzung, dass nicht einzelnes Unverborgenes sich um den Pol *drängt* und so sich wechselseitig *bedrängt* und verbirgt, sondern, damit Alles in Gänze zu Tage kommen kann, muss zuvor Unverborgenheit als solche sich gezeigt haben. Damit *etwas in* Unverborgenheit erscheinen kann, muss die Unverborgenheit selbst: d.h. das reine Scheinen frei von

Erscheinendem oder gar schon Erschienenem sich zu denken gegeben haben. Damit *etwas* an den Tag gelangt, muss der Tag, besser: das Tagen sich vernehmbar ereignet haben. Damit Welt und Mensch sich einander ereignen können, muss das Feld der Ereignung frei und offen liegen. Solche Eröffnung gehört selbst zum Ereignis.

Dem Pol, um Seiendes erscheinen zu lassen, liegt also das Feld des reinen Scheinens zugrunde. Dies nennt M.H. auch die Lichtung. Sie bildet die Tiefendimension der *`Aletheia der Polis´*, - abgründig aller ontischen Politik zugrundeliegend: das Feld des reinen, d.h. absoluten Scheinens, frei von allem relational Seiendem. Dieses Freie lässt sich auch als Feld der Leere oder des absoluten Nichts i.S. ostasiatischen Denkens ansprechen. Hier dürfte die Geistesverwandtschaft liegen, die Denker wie Keiji Nishitani Heidegger gegenüber empfunden haben.

Ob Hannah Arendt das Freie, Offene in diesem Sinn im Blick hatte, wenn sie von der Freiheit als Sinn des Politischen sprach, bleibt nun zu fragen. Die oben gebrauchte Formel „absolutes Scheinen, frei von allem relational Seienden" hat einen transzendentalen Klang, der in die Irre führen könnte. Keiji Nishitani spricht das absolute Nichts als absolutes Diesseits an. Das *Nirvana* der Leere liege mitten im *Samsara* des positiven Gedränges von immer nur relativ Seiendem. So etwa erblickt Hannah Arendt das Sich-Öffnen eines Feldes/Pols absoluten Scheinens inmitten ontischer Politik, - besser: inmitten jenes ekstatischen Augenblicks, da die hier und jetzt geschehende Geschichte den Atem anhält. Hier denkt sie vorzugsweise an die amerikanische Revolution, d.h. an das Ereignis von Philadelphia, woraus die *Konstitution* der Vereinigten Staaten hervorging. Sie schreibt dies unter dem Eindruck der ungarischen Revolution von 1956 in dem Buch `On Revolution´. In Philadelphia war ein Treffen von Vertretern aus den bis dahin noch selbstständigen Staaten angesagt worden. Wer kommen würde, und wie lange die jeweilige Anreise dauern würde, war ungewiss. So war das Zusammenankommen von Verzögerungen und Zufällen bestimmt. *Dass* es glückte, wurde als Glück erfahren, ja als Wunder, wie H.A. sagt. Erst im (Voll-) Zuge des Ankommens und Zusammenankommens (*Kon-Vention*) findet das Treffen wirklich statt: `D.h. findet seine Stätte, - besser: *durch* das glückliche Zusammenankommen erst öffnet sich die Stätte *für* das Zusammenkommen. Inmitten der bisher bekannten (die Ankunft mündet in einen Anfang) Welt tut sich ein bisher verborgener Zwischenraum auf. H.A. nennt ihn den Weltzwischenraum: - den ereigneten, eigentlichen Welt-Raum, der den *Amor mundi*: die Weltliebe entfacht. Dieses wundersame Sich - auftun erblickt H.A. als das Urphänomen der Eröffnung politischen Raums. Damit hat sich ein Freies inmitten der definiert geglaubten *res extensa* der Landschaft aufgetan. Die Subjekte mögen im Bewusstsein ihrer Willensfreiheit zum Pol von Philadelphia gedrängt haben: was sich aber *unversehens* vor ihnen auftat, ist eine beglückende Freiheit, die sie willentlich gar nicht intendiert haben konnten, weil sie sie nicht kannten. Was als Befreiung intendiert war, mündet in ein Sein-in-Freiheit, ein Sein-im-Freien. Erst im Vollzug des Kampfes um Befreiung entdecken die Beteiligten das Wesen der Freiheit: „the charms of liberty". (H.A.: Über die Revolution. Mü 94 S.39) Die Entbergung des freien, offenen Raums des Politischen erfahren die Beteiligten *vor* allem Erreichen einzelner politischer Ziele, also etwa der Festschreibung von Freiheits*rechten*. Die beglückende Freiheitserfahrung bleibt an das Ereignis der Raumeröffnung *an sich* gebunden. So ist die Freiheit zum Sinn der Raumeröffnung *an sich* geworden. Und so ist das *öffentliche Glück* (H.A.) zum Sinn von Glück *an sich* geworden.

Dass die Raumeröffnung an sich schon Freiheit impliziert, berechtigt vielleicht dazu, hier vom absoluten Raum zu sprechen, - einem absolut diesseitigen Feld des reinen Scheinens, von woher erst alles Erschein*ende* in seinem konkreten SoSein in seiner Bewandtnis erscheint, d.h. offen zu Tage liegt. (*Samsara sive Nirvana*)

Halten wir zwischendurch fest: Hannah Arendt erblickt das Wunder der Raumeröffnung vom Ankommen, Zusammenankommen und vom daher eröffneten Anfang her. Ankunft und Anfänglichkeit (Beginnlichkeit), ja Geburtlichkeit glaubte sie Heideggers Betonung der Sterblichkeit entgegensetzen zu müssen. Darauf kommen wir zurück.

Jetzt sehen wir zunächst weiter, was das Zutagetreten konkreter Sachen aus dem reinen Scheinen des offenen Raums zeitigt. : Hannah Arendt führt *res publica* zurück auf öffentliche, offen zutageliegende Angelegenheit. Die Republik als politische Form fängt dort an, wo die Angelegenheit, um die es geht, für die Handelnden offen sichtlich wird. Solange ein Monarch handelt – so müsste Hannah Arendt zugespitzt werden -, werden Angelegenheiten nicht nur nicht öffentlich verhandelt, sondern die Sache selbst, um die es geht, wird nicht einmal *offen* sichtlich, d.h. sie offenbart sich gar nicht erst. Dem monarchisch: alleinanfangenden Handelnden bleibt seine Sache selbst verborgen. (Die Arkanpraxis ist nur ein Ausdruck davon.) Nur den Zusammen-Handelnden kann eine Sache als *die* Sache, um die es sich dreht, sich offenbaren. Nur ihnen kann sich zeigen, was Sache ist, - was *an* der Tagesordnung ist, d.h. oben ansteht, noch bevor daraus ein erster Punkt *auf* einer Reihe von Tagesordnungspunkten wird.

Mit der Gewinnung der Tagesordnung nimmt die *res publica* anfänglich Form an. Die Tagesordnung ist die erste Fassung der Republik als Verfassungsform. Bevor die Tagesordnung zur linearen Reihe operationalisierter Ordnungspunkte expandiert, muss gewonnen sein, was die Stunde geschlagen hat. Wie vielfach verzögert auch immer: die Sache offenbart sich mit *einem* Schlage, in einem unausgedehnten, unteilbaren Augenblick. Man kann ihn punktuell nennen, nur noch nicht im Sinne eines Punktes *unter* Punkten. Die *Zitation a l'ordre du jour* ist also ursprünglich monadologisch: einheitlich, weil einmalig und einzigartig. Der unteilbare Schlag erst erteilt ursprünglich, d.h. *ur-teilt*. Er lässt eine ursprüngliche *Teilhabe* an Welt gewinnen. Das Urteil teilt den *Knoten der Probleme*, schlägt eine Bresche in die bisher allenfalls analytisch konstruierte Komplexität und hält so den politischen Raum und sein Freisein offen.

Das punktuelle Offenbarwerden der *res* zur *res publica* und das Offenwerden des politischen Raumes bedingen sich wechselweise. Je offener der Raum, desto offensichtlicher die Sache, - und: je offensichtlicher die Sache, desto offener der Raum. Punktualität und Räumlichkeit schließen sich gegenseitig nicht aus, sondern eignen einander. Sache und Raum, augenblickliche Klärung und förmliche Fassung fallen in der *res publica* zusammen, beziehungsweise finden mit ihr ihren *Anfang*. Insofern dies offen zutage liegt, ist der Tag geortet, - der Zeitspielraum gewonnen. Halten wir hier wiederum fest: das Offene und seine offenbar relevante Sache brauchen das Ur-Teil d.h. die ursprüngliche Teilhabe einer *Mehrzahl*: Pluralität von Teilnehmern. Das Wunder der Er-Öffnung rührt vom glücklichen Zu*sammen*ankommen *Mehrerer* her. Das mit dem Ur-Phänomen, der Ur-Szene, der Polis-Aletheia einhergehende Ur-Teil könnte auch als Samenkorn jedes vorpolitischen Zusammenkommens mehrerer Menschen angesprochen werden. Darauf ist zurückzukommen.

Jetzt kommen wir aber zunächst zurück auf das oben angedeutete Verhältnis von Geburtlichkeit und Sterblichkeit, bzw. Anfänglichkeit und Endlichkeit in Bezug auf die Aletheia der Polis, oder wie wir zuletzt gesagt haben: die politische Raumeröffnung. Schon die Antike kannte den Topos *res publica amissa*. Der *verlorene Schatz der Republik* spielt auch bei Hannah Arendt eine prominente Rolle. Das Glück (und die Freiheit) der Raumeröffnung bleibt, wie wir sagten, an ihr Ereignis zurückgebunden. Es kommt *und geht* mit ihm, - und dies nicht linear sukzessiv: das Gehen folgt nicht dem Kommen. Das Ereignis kommt im Maße des Gehens- und *bleibt* somit *im Kommen*: es west an im Maße des Abwesens. Das *Wesen* der Wahrheit spielt in der (aban)*wesenden* Gebärde der Ent-Bergung: in der *einen* Wehe der Geburt „und" des Sterbens.

Eine *soziologische Schlussfolgerung*: Kommen wir zurück auf die Ur-Szene der Polis-Eröffnung als Samenkorn auch jeden vorpolitischen Mitseins. Ur-Szene meint nicht nur das Anhalten des Atems der großen Geschichte, also etwa das Großereignis von Philadelphia. Die Urszene kann sich unscheinbar im Alltag zutragen: scheinbar unpolitisch: vorpolitisch. Aber *vorpolitisch* kann auch heißen: vor die polis, - in ihr Vorfeld gelangend.

Als Hölderlins Hyperion erstmals seiner Diotima begegnet, heißt es: „Wovon sollten wir sprechen? Von uns? Unmöglich! Also sprachen wir von der Erde." Auch hier redet der *Amor mundi*, wo doch nur ein Menschenwesen zum anderen reden wollte, zuerst. Die Teil-Nehmer haben ursprünglich Teil an Welt, wenn sie aneinander teilnehmen. Ihrem Mitsein liegt ein Mit-in-der-Welt-Sein abgründig zugrunde. Mitsein ist Mitdasein, d.h. *mit* zwischen Himmel und Erde - und *bei* den Dingen. Wenn sich jetzt das Mitsein im engeren Sinne von Sozialität entfaltet, so kann es sich von seinem weltlichen Ungrund abspalten. Aber ein Abwesen sagt nichts gegen das Wesen. Die *„res publica amissa"* spielt auch im Vorpolitischen ihre Rolle. Die heutige „Heiligsprechung des (bloß) Sozialen" (Zs. *Kommune* Jg. 2002) stellt die Geduld allerdings auf die Probe. Wie Michel Serres[110] sagte, tragen wir unsere Beziehungskisten auf dem Rücken der Erde aus. (H.A. sprach vom Totalitarismus der „Gesellschaft"). Solange dies hartnäckig

---

[110] vgl. M.S.: Süddt. Ztg. 01.09.2010, S.12

verborgen bleibt, bleibt auch der schrillste Klima-Alarm – die öffentliche Angelegenheit von heute – unerhört.

Vortrag beim Rundgespräch:
„Die Philosophie Martin Heideggers in ihren sozial-theoretischen Bezügen“. Leitung: Prof. Dr. Johannes Weiß, Kassel 2009

Mit freundlicher Genehmigung von INITA, Hannover wieder abgedruckt

Heideggers Wahrheit

Bemerkungen zu Peter Trawnys *Irrnisfuge*
Matthes und Seitz, Berlin 2014

Daß Martin Heidegger eine Aversion gegen eine (bloß historische) Aktualität (im Unterschied zu geschichtlichem Geschick) gehabt habe, bedarf einer Relativierung, wenn man Peter Trawnys *Irrnisfuge* gelesen hat. Daß Heidegger niemals eine überzeitliche Wahrheit zu sagen anstrebte, ist ja gewiß. War Heideggers *Wahrheit* dann etwa zeitbedingt? Bedingt von der einmaligen Ungeheuerlichkeit der zwei Weltkriege und des mehrfachen Massenmordes, die zu seinen Lebzeiten geschah?

Dies gibt Trawny jedenfalls zu bedenken. Dabei geht es eher um die Ungeheuerlichkeit als Erfahrung und weniger um die Summe der Ungeheuerlichkeiten im faktischen Sinn. (Eine solche Summe ließe sich auch niemals ziehen.)

Ungeheuer ist viel, doch nichts ist ungeheuerlicher als der Mensch! Diese Zeile aus dem Chorlied der sophokleisehen *Antigone* muß Heidegger zeitlebens in den Ohren geklungen haben. Daß das Ungeheure *im* Geheuren; das Unheimliche *im* Heimlichen wie ein dissonanter Akkord erklingt, muß Heidegger in den Zeitereignissen erfahren haben. Von diesem Klang muß ihm das Spiel der Aletheia durchzogen und durchstimmt gewesen sein. Das Spiel der Aletheia muß Heidegger *so* erfahren und erhört haben. Er kann es sich nicht ausgedacht haben, - so sehr er der Erfahrung denkend nachgegangen ist - und zwar bis zuletzt.

Seine Wahrheit: den eigentümlichen Klang der Aletheia, hat Heidegger bis zum Ende seiner Lebensspanne zu denken gesucht. Und solche Suche gehört zum Eigentümlichen des Wesens solcher Wahrheit: denn wie soll *im* Heimlich-Unheimlichen etwas feststellbar sein? Die Suche bleibt das einzig angemessene Verhalten; eine Suche, die in keinem Finden endet, sondern Suche bleibt. In diesem Sinne ist die Suche eine Irre. Daß die Irmis die

Lichtung fügt, und die Lichtung - um der Fügung willen- die Irmis braucht, dass will der Titel *Irrnisfuge* sagen.

Das Sein stellt sich selbst mit Vergessenheit nach, heißt es einmal bei Heidegger. Nur der Entzug der Seinserfahrung in die Vergessenheit ermöglicht Entbergung und somit das Spiel der Aletheia. Nur der Aufenthalt im heimlich-unheimlichen Halbdunkel kann vor die Lichtung bringen. Der Mut zur Irmis erlaubt solchen Aufenthalt: das enthaltsame Sich-Aufhalten vor der Flucht. Mit Carl Schmitt nennt Trawny Heidegger den größten Aufhalter der Moderne.

Trawny wiederholt die These, Heidegger habe zu den Ungeheuerlichkeiten der Massenmorde geschwiegen, und er rechtfertigt solches Schweigen, da es in der Irmis, also *im* Dunkel der Ungeheuerlichkeit, ja nichts zu reden gebe; jedenfalls solange die Ungeheuerlichkeit aktuell, als ontisch-faktische erfahren wird. Umso inständiger suchte Heidegger nach der "Ontologie" der Ungeheuerlichkeit, also nach dem eigentümlichen Klang *seiner* Wahrheitserfahrung.

Und doch hat sich Heidegger zu dem faktischen Morden geäußert:

> *Hunderttausende sterben in Massen. Sterben sie? Sie kommen um. Sie werden umgelegt. Sterben sie? Sie werden Bestandsstücke eines Bestandes der Fabrikation von Leichen. Sterben sie? Sie werden in Vernichtungslagern unauffällig liquidiert [...]. Überall bedrängen uns zahl- und maßlose Leiden. Wir aber sind schmerzlos,* [111] *nicht vereignet dem Wesen des Schmerzes. (Die Gefahr.* Bremer Vorträge 1949, HgA 79. S.56f)

Diese erst 1994 publizierte Äußerung ist keine Stellungnahme (die so viele von dem großen Denker erwartet hatten), sondern sie bleibt im Fragen. Was heißt Schmerz? Was heißt Sterben? Sind wir dem

---

[111] vgl. Hölderlin: *Der Ister*

Schmerz und dem Sterben vereignet? Was heißt Vereignung?
Bei den Griechen hießen die Menschen: die Sterblichen. Die griechische Tragödie führte den Untergang, also die Sterblichkeit des Menschen auf. Diese Performance wurde von dem Diskurs der griechischen Aufklärung abgelöst und in die Vergessenheit verdrängt. Seitdem ist dem europäischen Denken das Tragische fremd. Ahnten wir es noch *in* der Vergessenheit, könnte sich Lichtung ereignen - mithin die o.g. Vereignung. Aber die Vergessenheit ist selbst weithin vergessen. Somit herrscht, nach Heidegger, *Seinsverlassenheit:* kein Halbdunkel, sondern totale Finsternis.

Bekanntlich war Heidegger kein Theatergänger. Einmal aber ging er ins Theater: in die Münchener Aufführung der sophokleischen *Antigone* von 1952. Die Übersetzung Hölderlins war von Carl Orff vertont worden. Nach der Aufführung ging Heidegger zu Orff und bedankte sich für die *Wiederbelebung der griechischen Tragödie*: ein kurzes Aufblitzen der Wahrheit in der angeblich so bleiernen Zeit der 50er Jahre.
Die Irre - das ist die Gegend: der Raum des Irrtums. Irregehen ist ein von Ahnungen begleitetes Tasten im bisher Unbegangenen. Irregehen heißt nicht schon: Begehen eines manifesten, feststellbaren Irrtums. Einen manifesten Irrtum stellt Heidegger ca. 2 Jahre vor seinem Tod fest:

> *"Kehre"? "Sagen der Kehre", beides, die Rede davon, eine lange Zeit hindurch sich festsetzender großer Irrtum; [...] Viele Jahre hindurch zwar die "Kehre" als Wegsperre übersprungen, aber nie wirklich auf die Seite gebracht. [...] Statt des irrigen Auswegs in eine "Kehre" ist nötig: die Einkehr in die Einfalt der nennenden Entsage. [...]Das Gegenwendige im "Ent-" des Sagens: Ent-sagen als entfangendes Vernehmen und das Ent-sagen als das zuvor Empfangene dem Sein zu- und zurücksagen - die Zusammengehörigkeit der beiden "Ent-" läßt dergleichen wie eine "Kehre" in keiner Weise zu.* (Aus den Vorarbeiten zu einer Einleitung in die Gesamtausgabe. Jahresgabe der M.-H.-Gesellschaft 2007)

Trawny, dem diese Selbstkorrektur offenbar nicht aufgefallen ist, spricht weiterhin von Kehre und Wechselspiel: vom Wechselspiel der Irmisfuge, von Irmis *und* Lichtung, von Ver- *und* Entbergung.

Das Spiel der Aletheia kann nun aber nicht mehr als Wechselspiel; nicht mehr als kehrig oder gegenwendig gesehen und gedacht werden. Es geht nicht mehr um Sequenzen, die auch dann noch linear vorgestellt bleiben, wenn sie wechseln oder als kehrig bezeichnet werden.
Die Beseitigung der Wegsperre (des Irrtums einer Kehre) gibt dem Denken auf, eine *Vollzugseinheit* zu erfahren: den *einen* einfältigen (nicht mehr kehrigen) Vollzug des Spiels der Aletheia. Es scheint, als suche Heidegger nun nicht mehr nach dem *einen* Wort*stamm,* der sich eignete, die Weise, wie Wahrheit sich ereigne, zur Sprache zu bringen. Jetzt scheint es ihm um *eine* Vorsilbe zu gehen: das *Ent-* in seinem *in sich* dissonanten Klang, der von *Entsagen* so spricht wie von *Entsprechen*;[112] und der - abgelöst von den Wortstämmen - in *Empfang, Entwurf Entfaltung, Entgegenkommen* u.ä. vernehmbar ist. Hat sich das Denken einmal an das *eine Ent-* gewöhnt, spielt die Aletheia nicht mehr *zwischen* Ver- *und* Entbergung, sondern *EntBergung* gibt sich als *ein* Vollzug zu denken. Ihr Spiel schwingt *in sich:* strittig-dissonant.
Wenn es um die Erfahrung der Spielweise der Aletheia geht, dann ist das Hören eher gefragt als das Sehen (auch wenn es beidemal nicht um ein bloß "sinnliches Wahrnehmen" geht). Das Unheimliche im Heimlichen erklingt eher, als daß es erscheint. Solange wir es zu sehen versuchen, sind wir versucht, uns eine lineare Vorstellung (und seis die einer kehrigen Linie) zu machen. Das Unheimliche schwingt und stimmt im Heimlichen, ohne daß hier *zwei* diskrete Schwingungen vernehmbar würden. Hier schwingt *eine,* in sich dissonante Schwingung, die ohne das Schwingungs- und Spannungs*gefalle* nicht Schwingung wäre.

---

[112] Reinhard Knodts Bedenken der *Korrespondenz* könnte dem nahekommen, bleibt aber, wie alles sonst, ziemlich vorläufig, vgl. RK: Korrespondenz und Atmosphäre in GvC (Hrg): Drei Schnackenhofer Vorträge. Ballenhausen 2015

Der Begriff *dissonant* ist aus der Musik-Theorie nur entlehnt. Es geht nicht um eine Analogie zu verschiedenen, diskreten *Tonhöhen*[113]. Eher ließe sich von Tönungen i.S. von Tonfärbungen sprechen, und in diesem Sinn von *Stimmungen*[114]. Ohne daß wir in die Dualität von Dur und Moll zurückfallen, wäre ihre ursprüngliche Vollzugseinheit zu er-hören; etwa so, wie Hölderlin es in dem Zweizeiler *Sophokles* gedichtet hat:

Viele versuchten umsonst, das Freudigste freudig zu sagen,
Hier spricht endlich es mir, hier in der Trauer sich aus.

Wenn wir hierin den Anklang der Spielweise der Aletheia angedeutet finden dürfen, dann lernen wir vielleicht das Heimliche *im* Unheimlichen, besser das Un-Heimliche als *einen* Klang, *eine* (nichteinstimmige) Stimme zu hören.

Das mag als Heideggers eigentümliche, zeitbedingte Wahrheit angesehen werden. Aber ist *unsere* Zeit denn eine andere? Sind wir dem Schmerz und der Sterblichkeit schon vereignet? Wann hätte sich in den letzten Jahrzehnten der Vorhang einmal so gelichtet wie vor jener denkwürdigen *Antigone-Aoifubxnng* 1952 in München?

---

[113] Gemäß dem *in sich differierenden Einen* (Heraklit 51) könnte von in sich dissonanter Konsonanz gesprochen werden. Aber auch dies bleibt eine dem Dualismus verhaftete Formel.

[114] Hierauf müsste m.E. die Rede von *Atmosphäre* beruhen

(PALIN-)TONOS

(Heraklit, Hölderlin, Heidegger)[115]

Gustav von Campe

Für Damir Barbarić

I.

Von „zuvorkommender Zurückhaltung" hat Heidegger einmal gesprochen, ohne diese Wendung je zu wiederholen oder gar zur Kategorie zu erheben.[116] Heidegger dürfte bei dieser Wortwahl an einen Vers Hölderlins gedacht haben: „Dorther kommt und zurück deutet der kommende Gott."[117]

Mit Hölderlin bedenkt Heidegger ‚Flucht und Ankunft der Götter'. Hierbei kann es kein ‚Geradezu' geben, denn: „Nicht ohne Schwingen mag / zum Nächsten einer greifen / Geradezu".[118]
Der zurück-/zuvorschwingende: winkende Modus dieses Kommens ist in seiner Eigentümlichkeit vielleicht schon göttlich zu nennen – in seinem modalen *Wie*, lange bevor sich das *Wer* oder *Was* eines (personalen oder substantiellen) Gottes einstellen könnte.

---

[115] Zuerst erschienen in Heidegger-Studies 37, 2021, S. 235-244. Der griechische Text, die Zitate und die Quellenangaben wurden von Dr. Klaus Neugebauer und Prof. Dr. Dr. Günther Neumann ergänzt und überprüft.

[116] Martin Heidegger, Zeichen (1969). In: *Aus der Erfahrung des Denkens* (GA 13), S. 211.

[117] Brod und Wein, 3. Strophe, Vers 54. In: Hölderlin, *Sämtliche Werke* (Große Stuttgarter Ausgabe). Hrsg. von Friedrich Beißner. Bd. 2, 1. Stuttgart 1951, S. 91.

[118] Der Ister, 1. Strophe, Vers 11 ff. In: Hölderlin, *Sämtliche Werke*, Bd. 2, 1, a.a.O., S. 190.

Ihre Sprache kommt den Göttern zuvor, denn „Winke sind / Von alters her die Sprache der Götter.“[119]
Das Winken des Flügelschlags des über den Abgrund wegstreichenden Adlers kündet (deutet zurück auf) das Kommen des Donners und seines Gottes: des Zeus. Das Winken hat das fernher kommende Beben schon vernommen, ja es bebt selbst schon im Beben seiner Fittiche. „[…] und furchtlos gehn / Die Söhne der Alpen über den Abgrund weg / […] / O Fittige gieb uns, treuesten Sinns / Hinüberzugehen und wiederzukehren.“[120] Die Fittiche tragen nicht geradezu (linear) *hin*über – vielmehr schwingen sie vor und halten zurück – gemäß dem Auf und Ab in ein-und-demselben Flügelschlag.

Nicht ohne Schwingen mag […] einer kommen auf die andere Seite. Der zu überspannende Abgrund scheint diesen in sich abgründigen, aus- / zurückspannenden Flugmodus zu fordern, – für ein lineares Verständnis spastisch und unvollziehbar. Meinte Rilke dieses Selbe von Aus- und Zurückspannen des Flügels, als er von der „Summe Flugs“[121] sprach? Im in sich differierenden Einen des Flügelschlags winkt das Eine göttlicher Flucht/Ankunft. Als Ankunft ist das Kommen sich zuvor und bleibt doch – zurückhaltend – im Kommen. Solch in sich entgegnendes Kommen lässt sich, abweichend vom gewöhnlichen Verständnis, Entgegenkommen nennen.

Das in sich abgründig differierende Eine des im Kommen bleibenden Entgegenkommens, vollzogen im Modus des Aus- und Zurückspannens des *einen* Winks, scheint nun der von Heraklit ausgesprochenen Erfahrung genau zu entsprechen:

---

[119] Rousseau, 8. Strophe, Vers 31 f. In: Hölderlin, *Sämtliche Werke*, Bd. 2, 1, a.a.O., S. 13.

[120] Patmos (1. Fassung), 1. Strophe, Vers 6 ff. In: Hölderlin, *Sämtliche Werke*, Bd. 2, 1, a.a.O., S. 165.

[121] Die spanische Trilogie I. In: Rainer Maria Rilke, *Werke. Kommentierte Ausgabe in vier Bänden*. Bd. 2: *Gedichte, 1910 bis 1926*. Hrsg. von Manfred Engel und Ulrich Fülleborn. Darmstadt 2001, S. 243.

„Sie bringen es nicht zusammen, wie das (in sich) Verschiedene sich als das Selbe bestätigt, nämlich im Modus des rückgespannten Gefüges, – so wie im Fall des Bogens und der Leier.

ou xyniâsin hókōs diapherómenon heōutō homologéei: palín*tonos* harmoníē hókōsper tóxou kaì lýrēs. (οὐ ξυνιᾶσιν ὅκως διαφερόμενον ἑωυτῷ ὁμολογέει· παλίν*τονος* ἁρμονίη ὅκωσπερ τόξου καὶ λύρης.)“[122]

II.

Das *diapheromenon* des Fragments 51 steht auch in Fragment 10, diesmal zusammen mit dem *sympheromenon* (συμφερόμενον), – beide als Ganzheit und doch keine Ganzheit: „hóla kaì ouch hóla (ὅλα καὶ οὐχ ὅλα)“.[123]
Im Auseinandertragen (diapherein) vollzieht sich schon das Zueinandertragen (sympherein).
Im Fragment 10 folgt eine weitere Explikation der Ganzheit-und-doch-nicht-Ganzheit: *Synadon diadon*: das im Auseinandertönen Zueinandertönende. Der Modus des Tönens scheint den Modus des Tragens zu explizieren. Im Modus des Tönens scheint der Sachverhalt entfalteter zu sprechen. Wir geben heute das *Synadon diadon* mit Konsonanz Dissonanz wieder. Hier verstehen wir leichter (bringen leichter zusammen), wie sich Ganzheit/Einheit beider vollzieht bzw. erhält.
Fragment 10 endet mit dem Satz: „kaì ek pántōn hèn kaì ex henòs pánta. (καὶ ἐκ πάντων ἓν καὶ ἐξ ἑνὸς πάντα.)“: und aus Allem Eins, und aus Einem Alles. Hier kommt das berühmte *hen pan* des frühgriechischen Denkens zu Wort. Und jetzt sollte es denkbar

---

[122] Heraklit, Fragment B 51 (Diels/Kranz). In: *Die Vorsokratiker* I. Griechisch/Deutsch. Auswahl der Fragmente, Übersetzung und Erläuterungen von Jaap Mansfeld. Stuttgart 2003, S. 258 (Übersetzung vom Verf.); vgl. auch Anhang: „-tonos“ oder „-tropos“?
[123] Heraklit, Fragment B 10 (Diels/Kranz). In: *Die Vorsokratiker* I, a.a.O., S. 258.

geworden sein: im in sich auseinandertönenden Zusammentönen.
In der Denkgeschichte des Abendlandes haben die Begriffe Identität und Differenz Karriere gemacht, und sind so eher undenkbar/unvollziehbar geblieben (vgl. Hegel, Schelling). Die Kalamität liegt schon in Heraklits Fragment 10 begraben, nämlich in der Nennung *zweier* Worte, von denen daneben dann ihre *Einheit* beschworen werden muss.
Fragment 51 sagt es in *einem* Wort: *palintonos*. Es spricht vom *palintonos* nicht als Variante von tonos, sondern von *palintonos* als Modus, d. h. Vollzugsweise der der sich als Ein-und-dasselbe bestätigenden Differenz. Jedem *tonos* eignet also schon anfänglich das *palin-*. Sofern Ton Spannung heißt, ist er, um gespannt-spannende Spanne zu *sein*, immer schon *rück*gespannt.
Jede Auseinanderspannung birgt (impliziert) schon die Zurückspannung. Das Zu- im *Aus*-einanderspannen *ist* Spanne, das heißt Tonus. Das *Auseinander-* allein verliefe sich, wenn überhaupt vollziehbar, im Ungefähren.
Man beachte aber im Gesagten die sprachlichen Kalamitäten. Die verfänglich komplizierten Umschreibungen könnten entfallen zugunsten der impliziten, einfachen Rede: Tonus[124]. Sagen wir *tonos*, so haben wir schon *palintonos* gemeint. Die explikative (entbergende) Rede entzieht sich zugunsten der (rück-)bergenden Sage.
„Das große Wort, das εν διαφερον εαυτῳ [hen diapheron heautō] (das Eine in sich selber unterschiedne) des Heraklit, das konnte nur ein Grieche finden, denn es ist das Wesen der Schönheit, und ehe das gefunden war, gabs keine Philosophie. / Nun konnte man bestimmen, das Ganze war da. Die Blume war gereift; man konnte nun *zergliedern.*“ So heißt es nun in Hölderlins *Hyperion.*[125]

---

[124] Vgl. TON(US). In: *Versfuß und Muskelton. Ein Hof und eine Schule für PerformanceKunst und Daseinspoetik. Dokument und Entwurf* (Ballenhausen, April 2011). Hrsg. von Gustav von Campe. Friedland: Atelier Niedernjesa Hartmut Bremer Druckerei und Verlag 2011, S. 11–16.

[125] Hyperion, Erster Band, Zweites Buch. In: Hölderlin, *Sämtliche Werke* (Große Stuttgarter Ausgabe). Hrsg. von Friedrich Beißner. Bd. 3. Stuttgart 1957, S. 81 (Griechischer Text im Original ohne

Hölderlin zieht die Fragmente 51 und 10 zusammen, denn Fragment 51 spricht nicht von *holon* und *henpan*. Auch verkürzt er *diapheromenon* zu *diapheron* – vielleicht versehentlich. *Diapheron* spricht vom Sich-Unterscheiden*den* (sowie diadon vom Auseinandertönen*den*), – diapheromenon aber nennt das schon Unterschie*dene*. Somit läge Hölderlin näher am Vollzugscharakter der Sache, die ja als Sach-*verhalt* sich zuträgt. Und nur im Vollzug bringen wir zusammen, was schon anfänglich zusammengehört: jene Sache *als* Verhalt.

III.

„Wir sind zerfallen mit der Natur, und was einst […] Eins war, widerstreitet sich jetzt", klagt Hyperion.[126] Als er aber Diotima zuerst trifft, heißt es: „Wir sprachen sehr wenig zusammen. Man schämt sich seiner Sprache. Zum Tone möchte man werden und sich vereinen in Einem Himmelsgesang. / Wovon auch sollten wir sprechen? […] Von uns zu sprechen, scheuten wir uns. / Vom Leben der Erde sprachen wir endlich."[127] Im Widerstreit zwischen uns und der Natur zeigt sich eine Einigung durch die Scham und Zurückhaltung zweier Menschen, voneinander zu reden. Die Zurückhaltung lässt eine vermutlich peinliche Pause, eine Spanne sich auftun, in die hinein der Erde gedacht wird und der Wunsch entsteht, sich *in Einem Himmelsgesang zu vereinen*, ja selbst *zum Tone zu werden.*

Der aus Scham und „bloßer" Verlegenheit entstandene Zeitspielraum erweist sich als (vielleicht) einzigmöglicher Raum der Vereinigung. Der Eine, d. h. einige Himmelsgesang zeigt sich als Raum und Atmosphäre auch der Einigung zweier Menschen. Ja – sie selbst werden zum Tone.

Das Aufscheinen eines Raums der Einigung im Widerstreit mit der

---

Akzente; letzte Hervorhebung vom Verf.).

126 Hyperion, Die vorletzte Fassung, Vorrede. In: Hölderlin, *Sämtliche Werke*, Bd. 3, a.a.O., S. 236.

127 Hyperion, Erster Band, Zweites Buch. In: Hölderlin, *Sämtliche Werke*, Bd. 3, a.a.O., S. 53.

Natur erlaubt also eine Einigung auch zwischen Menschen. Solches Aufscheinen nannte Heidegger das Welten von Welt im Sinne des Lichtens einer Lichtung.

Hannah Arendt sagt, durch welches allzu menschliche Missgeschick das Lichten solchen Zwischenraums wieder erlischt: „In der Leidenschaft, mit der die Liebe nur das Wer des Anderen ergreift, geht der weltliche Zwischenraum […] gleichsam in Flammen auf."[128]

Es gilt heute als ausgemacht, dass unser Zerfallensein mit der Natur als Faktum der Moderne hinzunehmen sei. Hölderlins heraklitischer Gedanke an eine Einigung *mitten im Streit* gilt als Illusion eines Poeten. Vielleicht ist aber zu wenig bedacht worden, in welchem Modus bei Hölderlin *die Einigung im Streit*, also das „hèn diaphéron heautō (ἓν διαφέρον ἑαυτῷ)", gedacht ist: im Modus des Tönens.

Da ja *tonos* immer schon palintonisch auftritt, ist auch Harmonie niemals „harmonisch", sondern gespannt (also tonisch). Auf die (palin-)tonische Natur der Harmonie weist Heraklit in Fragment 51 ausdrücklich hin. – Der *Einklang mit der Natur* impliziert also schon das Widerspiel in der differierenden Einigung (dissonanten Konsonanz).

Wird der Widerstreit als tönendes Widerspiel ausgetragen, so gibt es ein Innehalten, einen Spielraum, der vor dem Zerfall aufhält, ja sogar sich als (Vor-)Raum der Einigung auch in der heute so gefragten „Beziehung" anbietet.

Wir sprechen hier immer nur von Einigung als performativem Vollzug, nicht von feststellbarer Einheit. Eine bestandshafte (substantielle) Einheit ist wahrlich undenkbar geworden. Die performative Geste kommt dem Dualismus-Monismus-Streit zuvor.

IV.

Das schlechthin seelische Gelenk nennt Hölderlin das Knie. „Jetzt komme, Feuer! / Begierig sind wir / Zu schauen den Tag, / Und wenn die Prüfung / Ist durch die Knie gegangen, / Mag einer

---

[128] Hannah Arendt, *Vita activa oder Vom tätigen Leben*. 6. Aufl. München 2007, S. 309.

spüren das Waldgeschrei.“ – beginnt die Ister-Hymne.[129] Und an Casimir Ulrich Böhlendorff schreibt Hölderlin in seinem Brief vom 4. Dezember 1801, der Freund habe an „tüchtiger Gelenksamkeit so sehr gewonnen und nichts an Wärme verloren, im Gegentheil, wie eine gute Klinge hat sich die Elastizität Deines Geistes in der beugenden Schule nur um so kräftiger erwiesen.“[130] Mehrfach spricht Hölderlin von der Gefahr, das Knie könnte *brechen,* – etwa als er glaubte, in Südfrankreich habe ihn *Apollo geschlagen.*
Solche Prüfungen des Den-Stand-Behaltens fordern Elastizität – eher als steifes Beharrungsvermögen. Elastisch ist die Leier/Lyra, die Heraklit in Fragment 51 anführt als Anschauungsbeispiel für die palintonische Spanne. Elastisch ist die Saite/Sehne der Lyra. Deshalb kann sie schwingen. Deshalb das Spiel der Saiten.
Mit einem Saitenspiel ist immer wieder die Seele verglichen worden. Aber geht es hier überhaupt um einen Vergleich, – eine Metaphorik? Reden wir metaphorisch, wenn wir von Muskelspiel und Nervensaiten sprechen? Nietzsche sprach von Muskelfreuden – ja -festen![131] Spricht er in den Notaten zur *Physiologie der Kunst* von Seele, so spielt da ihr Saiten- und Sehnenspiel, – besser: Sie spielt die Saite, die sie *ist,* – womöglich in Fühlung auch mit Handgelenk und Fingerspitzen. Reißt die Saite, so reißt die Fühlung zwischen *uns und der Natur.* Dann erst bleibt eine Art von Seele zurück, wie wir sie gewöhnt sind: ein *Fremdes auf Erden*, das der metaphorischen Übersetzung bedarf.
Mit dem Knie, das sich beugt und streckt, das abfängt und -federt, das zittert oder einknickt (*bricht*), hat der Starkwanderer Hölderlin offenbar eine Erfahrung gemacht. Die Spannweite der Kniefunktionen ergibt das Maß der Gelenksamkeit und Elastizität. Nicht nur *Gesänge* (so nennt Hölderlin seine Gedichte) zeigen den *Wechsel der Töne*, auch die Gelenksamkeit. Der hörbare Ton des Gesangs und der spürbare Tonus der Muskulatur – zumal der

---

[129] Siehe Anm. 118.

[130] In: Hölderlin, *Sämtliche Werke* (Große Stuttgarter Ausgabe). Hrsg. von Friedrich Beißner, Adolf Beck. Bd. 6, 1. Stuttgart 1954, S. 425.

[131] Vgl. Friedrich Nietzsche, *Ecce Homo*, Kapitel: Warum ich so klug bin, Nr. 1 (finis).

Gelenke – gehören in ein und dieselbe tonische Spannweite. Und *alle Kunstübung ist tonisch* (Nietzsche). Die Akzentuierung/Betonung nur ist verschieden lenkbar. (→ willkürliche/unwillkürliche Motorik.)
An die Prüfung der Knie erinnert Walter Benjamins *taktile Chokrezeption*. Der Schlag Apollos in der Hitze des Südens, das Kommen des Feuers des Sonnenaufgangs, das Tagen als der Aufgang des Tagesgeschäfts mit den Anforderungen, denen leibhaft Paroli zu bieten ist, – dies prüft das Gelenk. Dreht sich nicht auch der Flügelschlag des über den Abgrund weggehenden Adlers in einem Gelenk? Was ahnen wir von dem Vollzugsgeschehen im *toten Punkt* der Drehungsmitte? Wir könnten uns bedienen beim Wissen der Medizin, die das Kniegelenk als *Knackpunkt* entdeckt hat. Aber lösen wir damit das Numinosum der Drehungsmitte? Viktor von Weizsäckers *Gestaltkreis* könnte helfen, vielleicht auch Feldenkrais. Paul Celan spürte wohl die Fühlung zwischen der *Atemwende* und der Wende im Gelenk. Fragen wir zunächst bei den Klavierlehrern.[132]

V.

„Wir sind kaum im Notdürftigen. Seine Not besteht darin, dass die Sterblichen sie nicht erblicken und dessen nicht achten, wie das möglicherweise Kommende für uns kommender wird, je weiter wir vor ihm zurücktreten. Doch wohin könnten wir zurücktreten? In die erwartende Zurückhaltung. Sie ist in sich zugleich das vordenkende Vermuten. Solche Zurückhaltung kommt dem Kommendem dadurch zuvor, daß sie zu erfahren versucht, was gegenwärtig *ist*."[133]
Bedarf dieser Passus aus Heideggers *Erläuterungen zu Hölderlins Dichtung* noch einer Erläuterung? Das Zurücktreten vor dem auf

---

[132] Vgl. Renate Wieland / Jürgen Uhde, *Forschendes Üben. Wege instrumentalen Lernens. Über den Interpreten und den Körper als Instrument der Musik*. Kassel [u. a.] 2002.
[133] Martin Heidegger, Hölderlins Erde und Himmel (1959). In: *Erläuterungen zu Hölderlins Dichtung* (GA 4), S. 152–181, hier S. 177 f.

uns Zukommenden (Zukunft) räumt eine „bessere Sicht“ ein, wodurch das Kommende kommender werden kann – bis zur Ankunft in der Gegenwart (Entgegenwarten). So wird Zukunft als Ankunft erfahren.

Je weiter wir zurücktreten, desto kommender wird das Kommende – und wir mit ihm. Je weiter das Zurücktreten, desto weiter die Einräumung des Raums fürs zurückhaltende Zuvorkommen. Mit der Gebärde der zurückhaltenden Zuvorkommenheit räumt sich ihr schon der Raum ein, der sie vollziehbarer werden lässt – und je vollziehbarer, desto weiter öffnet sich der Raum zur offenen Weite. Je und je üben wir je-den Tag die Gebärde, – je und je öffnet sich ihr der Raum. Je heißt jäh. Das je-weilige Kommenderwerden addiert sich nicht zu voller Vollziehbarkeit und völlig offener Weite. Je-desmal ist das Kommende jäh: mit *einem* Schlag da (vielleicht mit der winkenden Botschaft eines Flügelschlags) und bleibt doch im Kommen. Dies zu vollziehen, gelingt wohl nur dem „Traum eines Halbgotts“ (Hölderlin).[134]

Die Gebärde der zurückhaltenden Zuvorkommenheit und ihr Raum sind nicht so unterschieden wie ein gewöhnliches Spiel von seiner Spielstätte. (Die Szene ist schon ihr Szenario, das Szenario hat sich schon inszeniert.) Der gewöhnlichen Trennung in zeitliche, modale und räumliche Bestimmung einer Sache kommt die einräumende Gebärde schon zuvor.

Dies lässt sich mit *einem* Wort sagen: Aufenthalt. Aufenthalt nennt ein Verweilen (zeitlich), ein Sich-Aufhalten (modal) sowie einen Ort (räumlich) in *einem*, den kategorialen Trennungen zuvorkommendem Wort.

Aufenthalt impliziert den Enthalt. Enthalt sagt aber nicht einseitig Zurückhaltung, sondern schwebt enthaltsam „zwischen“ *zurück* und *zuvor*, – besser: schwebt *im* Zwischen (ohne Kehre zwischen Richtungen).

Das *Auf-* des Aufhaltens sagt: im *zurück*haltenden Aufhalten hat sich schon das *öffnende* Aufhalten vollzogen, – ohne irgendeine Kehre zwischen Richtungen. „Das Heilige sei mein Wort!“ würde angesichts des Wortwunders *Aufenthalt* vielleicht Hölderlin ausrufen.

---

[134] Ohne Nachweis.

Aufenthalt nennt Zeit, Weise und Ort des In-der-Welt-seins: des In-der-Welt-seins von uns als Sterblichen, – nennt es mit einem Wort auf einen Schlag, – und sagt so das Kommende voraus.
Im Aufenthalt kommen auch die Dinge auf uns zu. Jetzt sind sie da und wir bei ihnen: in der verhalten-schonenden, taktvollen Weise, wie es Dingen zukommt, die frei sind von der „Fron, nützlich zu sein“ (Adorno).[135]
Als Sterbliche gelangen wir in den Aufenthalt und somit ins Dasein.
„Statt der Vorstellung einer ‚Kehre‘ nötig: das entsagende Nennen der Ortschaft des Aufenthalts im Vorenthalt“, notiert Heidegger kurz vor seinem Tod.[136] Das *Ent-* des Entsagens wäre, wie das *Ent-* des Empfangens[137] als *gegenwendige* Gebärde zu vollziehen, – zweifellos als die Gegenwendigkeit des zurückhaltenden Zuvorkommens.

VI.

Ob *Rhythmus* im Wortsinn von *fließen* oder *Zaun/Grenze* herzuleiten sei, ist unentschieden geblieben. In ähnlicher Weise ist unentschieden, ob *Tempus* wortgeschichtlich von der indoeuropäischen Wurzel *ten-* (spannen, strecken) oder von griechisch *temnein* (τέμνειν, schneiden, einteilen) herzuleiten sei. Die Parallele ist auffällig: beidemal erscheinen Kontinuität und Diskontinuität in unvermittelbarem Gegensatz. Ist aber nicht jeder Fluss, sofern er nicht kanalisiert ist, ein Strom? Und wechselt nicht jeder Strom, und sei es minimal, zwischen An- und Abstoßung? Steht nicht jeder Strom unter Spannung, sofern er denn fließt, zwischen An- und Abstoßung? Jedem Fluss eignen Schwellen, die ihn stauen und wieder vorschnellen lassen. (Rück-)Stau und vorschießende Stromschnelle eignen jedem Fluss. Der Stau kann

---

[135] Ohne Nachweis.
[136] Martin Heidegger, *„Kehre“? „Sagen der Kehre“* (Jahresgabe der Martin-Heidegger-Gesellschaft 2007, unveröffentlicht), S. 11. Im „emp-“ des Empfangens ist das „p“ ein assimiertes „t“. „Entsagen“ und „Empfangen“ tragen also dieselbe Vorsilbe.
[137] Vgl. ebd., S. 10.

unerträglich lang anhalten, dass er als Unterbrechung der Kontinuität erfahren wird. Solche Diskontinuität eignet aber jeder Kontinuität, sofern sie im Dasein spielt. Somit leuchtet ein, dass im *Rhythmus* Kontinuität und Diskontinuität gar nicht zu trennen sind. Ein kontinuierliches Fließen (nach dem gewöhnlichen Verständnis von *panta rhei* (πάντα ῥεῖ) (Heraklit)) wäre nicht rhythmisch, ebenso wenig ein reines Stakkato. Es fällt nicht schwer, Heraklit in eben diesem Sinne zu verstehen. Mit der Homogenisierung alles Seienden hat die westliche Moderne eben auch die Sicht auf *Rhythmus* und *Tempus* verstellt und eine homogene Vorstellung von Kontinuität installiert.

Gehen wir aus von der Herleitung des *Tempus* von lat. *tentio* (Dehnung) und denken Dehnung als daseins- also leibgemäßen Vollzug, so zeigt sich, dass Dehnung – etwa als leibhaftes Recken und Strecken – an eine solcher Dehnung eignende Grenze gelangt; – anders als die Ausdehnung im vorgestellten Raum der cartesianischen *res extensa.*

Im Daseinsvollzug geht jede *Aus*dehnung mit einer *Rück*dehnung (*palintonos*, Heraklit) einher. Die mit der Dehnung aufgespannte Spannung gelangt an eine Grenze, soll sie nicht durch Überdehnung in sich zusammenfallen. Wiederum gelangt die Spannung an eine Schwelle der Erträglichkeit. Wiederum eignet der Kontinuität eine begrenzende Diskontinuität. Auch *Tempus* meint deshalb keinen homogenen, erfahrungsleeren Zeitfluss, sondern einen durch Schwellen gegliederten[138], eingeteilten. Somit ist die wortgeschichtliche Unentschiedenheit zwischen *tentio* und *temnein* sachlich sehr wohl entscheidbar.

In beiden Fällen – bei *Rhythmus* wie bei *Tempus* – werden wir wortgeschichtlich vor ein Paradox gestellt, aber doch – wie bei einer paradoxen Verschreibung – vor ein solches, dem seine Lösung eignet. Und durch die Parallelität beider Fälle bestärken beide Lösungen sich gegenseitig. Das Bedenken von *Tempus* bestärkt das Verstehen von *Rhythmus* und umgekehrt.

Als dritter im Bunde ist nun der *Tonus* anzusprechen. Heraklit bietet uns in Fragment 51 ein Wort an: *palintonos,* das die bedachte Paradoxie in *einem* Wort zu nennen scheint: *aus* – und doch

---

[138] Gliedern = artikulieren.

*zurück*gespannt. Aber Heraklit gibt zu Anfang des Fragments an, in welchen „philosophischen" Termini die „Paradoxie" zu denken sei: als ein *in sich differierendes Eines* (hèn diapherómenon heautō).[139] Und alle drei: *Rhythmus, Tempus, Tonus*, sind keine Spezialfälle, sondern bieten, wenn es denn stimmt, dass nur die Zeit über das Sein aufklären kann, eine „ontologische" Sicht auf die Einheit der Welt. Sie lenken das Denken auf den Vollzugscharakter des Daseins und zeigen, wie Gegensätze, die als vorgestellte unvermittelbar bleiben, sich *im* Vollzug als gegenstandlos erweisen, – wie sich im Vollzug eine Geste zeigt, an deren Einheit gar nicht erst gezweifelt wurde, – ein Einheitsmodus, an den niemand gedacht hatte, solange das Denken auf vorzustellende Bestände und Bestand*teile*, die dann als Gegen*teile* sich hart im Raume stoßen mussten, gestarrt hat.[140]
Sprechen wir also von einem gestischen oder tonischen Einheitsmodus. *Dinge gebärden Welt/Welt gönnt Dinge*, heißt es bei Martin Heidegger. Solcher Einheitsmodus verlangt einen Denkmodus, der immer nur das Selbe zu denken versucht: das Selbe von Kontinuität und Diskontinuität. Er *operiert* nicht von Begriff zu Begriff, sondern übt immer dieselbe Figur – und zwar vollziehend, d. h. leibhaft: im „Vorfeld" der Spaltung in Körper und Geist.
Jedes Kind hat die gestisch-tonische Einheit der Welt schon einmal vollzogen. An jedem Tier können wir das *Verhoffen* beobachten: jene scheue Verzögerung im Fluss des Verhaltens.

Anhang: „-tonos" oder „-tropos"?

Hier soll es um eine Heraklit-Auslegung mit Blick auf das Dichten bzw. Denken Hölderlins bzw. Heideggers gehen.
Auszugehen ist m. E. von Heraklits Fragment 51[141] und hier von einem Wort, das in zwei Varianten überliefert ist: „palíntropos

---

139 Vgl. Anm. 123.
140 Anders als die gliedernd-artikulierende Ein*teilung* bei Rhythmus und Tempus.
141 Vgl. Anm. 123.

(παλίντροπος)“ bzw. „palíntonos (παλίντονος)“.[142]
Das Wort soll den Charakter von Harmonie/Fügung kennzeichnen. Die Varianten lauten also „palíntropos harmoníē (παλίντροπος ἁρμονίη)“ bzw. „palíntonos harmoníē (παλίντονος ἁρμονίη)“.
Gemäß „tropos“: Wende, wendig, hieße palintropos *gegenwendig*. An diese Variante hat sich Heidegger durchgängig gehalten.

Gemäß „tonos“: Spannung, gespannt – spannend (wörtlich: Dehnung, gedehnt – dehnend) übersetzt Bruno Snell mit „widerspänstig“. Durch die Schreibung *ä* soll eine Abweichung vom geläufigen “widerspenstig“ angezeigt werden. Eine ebenso nicht-geläufige Übersetzung könnte „rückgespannt“ lauten. Der Kontext von Fragment 51 lässt die „tonos“-Variante plausibler erscheinen als die „tropos“-Variante. Heraklit gibt für die gemeinte Weise von Harmonie zwei Beispiele: es sei wie beim *Bogen* und der *Leier*. Gemäß der tonos-Variante hieße das: der Bogen ist nur als gespannter wahrhaft Bogen; die Leier, d. h. die Saite (der Lyra) ist nur als gespannte wahrhaft Saite, denn nur als gespannte schwingt sie. Ein schlaffer Bogen, eine schlaffe Saite sind nicht, d. h. sind nicht, was das Wort jeweils sagen will.

Den Bogen und die Leier als gegen*wendig* (palin*tropos*) zu verstehen, fällt dagegen schwer. Dass Heidegger sich daran hielt, ist auf seinem Denkweg m. E. zur „Wegsperre“ geworden. Mit der „Wende“ (tropos) ist m. E. die „Kehre“ verbunden, wenn nicht beide Begriffe sogar dasselbe sagen sollten. Die Kehre bzw. die Versuche, sie zu sagen, nennt Heidegger sehr spät eine *Wegsperre*, die zu beseitigen ihm nie nachhaltig gelungen sei.[143]
Die Jahresgabe der Martin-Heidegger-Gesellschaft von 2007 enthält ein unveröffentlichtes Manuskript unter dem Titel *„Kehre‘? ‚Sagen der Kehre“*, entstanden zwischen 1973 und 1975. (Heidegger starb 1976.)

---

[142] Beide Varianten von Fragment B 51 genannt in: Hermann Diels, *Die Fragmente der Vorsokratiker*. Hrsg. von Walther Kranz. Bd. 1. 6., verb. Aufl. Berlin 1951 (weitere Auflagen unverändert), S. 162.
[143] Vgl. Martin Heidegger, *„Kehre“? „Sagen der Kehre“*, a.a.O., S. 11.

Es heißt dort: „Ent-sagen als entfangendes Vernehmen u. das Ent-sagen als das zuvor Empfangene dem Sein *zu-* u. zurücksagen – die Zusammengehörigkeit der beiden ‚Ent-' läßt dergleichen wie eine ‚Kehre' in keiner Weise zu. Nötig wurde in der Folgezeit [...] das Sicheinlassen [...] in das Einfache der nennenden Entsage [...]."[144] Zwiefältig zeigt sich das „Ent-" der Entsage, indem es Empfang (*Ent-* zu *Emp-* assimiliert) sagt und damit schon entsagt im Sinne von zu- und zurückgesagt.

Mit freundlicher Genehmigung von
Heidegger Studies wieder abgedruckt

Verfasst 2011

[144] Martin Heidegger, *„Kehre"? „Sagen der Kehre"*, a.a.O., S. 10.

Gustav von Campe, geb. 1943,

promoviert 1983 in Bielefeld mit:
„Tägliche Technik. Studien zur Gestik der Verrichtungen". Seitdem langjährige Studien zu Heidegger.

Eigentümer eines denkmalgeschützten landwirtschaftlichen Anwesens südlich von Göttingen.

Vorstand der Stiftung Scheidemann mit bibliophilen Beständen und Gästezimmern.

Perfomances in Hof und Scheunen („Versfuß und Muskelton" unter www.landperformance.de)

„(palin-)tonos" und „landperformance" sind durch den Begriff des Tonischen verbunden („Alle Kunstübung ist tonisch" F. Nietzsche)

Ein Institut für Tonusforschung soll aufgebaut werden. Hierfür wird ein Stipendium angeboten. (Informationen bei Stiftung Scheidemann, Heerstr. 6, 37133 Friedland. 05509/2084)

LIBRI NIGRI
DENKEN ÜBER GRENZEN

Herausgegeben von Hans Rainer Sepp

Die *libri nigri* treffen sich bevorzugt an Orten, an denen die Grenzen von Wirklichkeitsbereichen, Standpunkten, Fachrichtungen sowie Kultur- und Wissenstraditionen in den Blick geraten und ihre Voraussetzungen verhandelbar werden. Begründungsabsichten nachzuspüren, gilt hier mehr, als Begründungen zu suchen, das wagende Experiment mehr als die gültige Schablone, die störende Bewegung mehr als der Drang nach Absicherung. Da die Orte für entscheidende Bewegungen meist Ränder und nicht Zentren sind und da Grenzen nicht einfach nur begrenzen, sondern vor allem Potentiale des Anderen und Fremden bergen, wird sich die Reihe auch dem Terrain des Utopischen nicht verweigern.

1 Hans Rainer Sepp
Über die Grenze. Prolegomena zu einer Philosophie des Transkulturellen
broschiert ISBN 978-3-88309-792-3 | gebunden ISBN 978-3-88309-793-0

2 Yoshiko Oshima
Zen – anders denken? Zugleich ein Versuch über Zen und Heidegger
broschiert ISBN 978-3-88309-846-3 | gebunden ISBN 978-3-88309-847-0

3 Max Lorenzen
Philosophie der Nachmoderne
Die Transformation der Kultur – Virtualität und Globalisierung
broschiert ISBN 978-3-88309-668-8 | gebunden ISBN 978-3-88309-668-1

4 Hisaki Hashi und Friedrich G. Wallner (Hg.)
Globalisierung des Denkens in Ost und West
Resultate des Österreichisch-Japanischen Dialogs
broschiert ISBN 978-3-88309-555-4 | gebunden ISBN 978-3-88309-560-8

5 Aleš Novák
Heideggers Bestimmung des Bösen
broschiert ISBN 978-3-88309-650-6 | gebunden ISBN 978-3-88309-651-3

6 André Julien S. E. Faict
Philosophische Voraussetzungen des interkulturellen Dialogs
Die vergleichende Philosophie von Hajime Nakamura
broschiert ISBN 978-3-88309-683-4 | gebunden ISBN 978-3-88309-684-1

7 Peter Schwankl
Diplomatisches Verhalten
Ein phänomenologischer Versuch über das Wesen des Diplomatischen
broschiert ISBN 978-3-88309-517-2 | gebunden ISBN 978-3-88309-516-5

8 Paul Janssen
Vom zersprungenen Weltwerden
broschiert ISBN 978-3-88309-685-8 | gebunden ISBN 978-3-88309-686-5

9 Constantin Noica
De dignitate Europae
broschiert ISBN 978-3-88309-708-4 | gebunden ISBN 978-3-88309-709-1

10 Constantin Noica
Briefe zur Logik des Hermes
broschiert ISBN 978-3-88309-434-2 | gebunden ISBN 978-3-88309-435-9

11 Ananta Charan Sukla (ed.)
Art and Expression: Contemporary Perspectives in the Occidental and Oriental Traditions
broschiert ISBN 978-3-88309-710-7 | gebunden ISBN 978-3-88309-711-4

12 Dean Komel
Den Nihilismus verwinden. Ein slowenisches Postscript zum 20. Jahrhundert
broschiert ISBN 978-3-88309-712-1 | gebunden ISBN 978-3-88309-713-8

13 Tatiana Shchyttsova (Hg.)
In statu nascendi. Geborensein und intergenerative Dimension des menschlichen Miteinanderseins
broschiert ISBN 978-3-88309-716-9 | gebunden ISBN 978-3-88309-688-9

14 Chung-Chi Yu and Kwok-ying Lau (eds.)
Phenomenology and Human Experience
broschiert ISBN 978-3-88309-722-0 | gebunden ISBN 978-3-88309-723-7

15 Daniel Aebli
Wie modern ist die Antike? Studien und Skizzen zur Altertumswissenschaft
broschiert ISBN 978-3-88309-729-9 | gebunden ISBN 978-3-88309-730-5

16 Hiroo Nakamura
Für den Frieden
broschiert ISBN 978-3-88309-731-2 | gebunden ISBN 978-3-88309-732-9

17 Günter Fröhlich
Anthropologische Wege. Ulmer Stadthausvorträge
broschiert ISBN 978-3-88309-733-6 | gebunden ISBN 978-3-88309-734-3

18 Hans-Dieter Bahr
Die Anwesenheit des Gastes. Entwurf einer Xenosophie
broschiert ISBN 978-3-88309-761-9 | gebunden ISBN 978-3-88309-762-6

19 Massimo Mezzanzanica
Von Dilthey zu Levinas. Wege im Zwischenbereich von Lebensphilosophie, Neukantianismus und Phänomenologie
broschiert ISBN 978-3-88309-750-3 | gebunden ISBN 978-3-88309-751-0

20 Klaus Kanzog
Mit Auge und Ohr. Studien zur komplementären Wahrnehmung
broschiert ISBN 978-3-88309-784-8 | gebunden ISBN 978-3-88309-785-5

21 Silvia Stoller und Gerhard Unterthurner (Hg.)
Entgrenzungen der Phänomenologie und Hermeneutik
Festschrift für Helmuth Vetter zum 70. Geburtstag
broschiert ISBN 978-3-88309-771-8 | gebunden ISBN 978-3-88309-772-5

22 Claus C. Schnorrenberger
Chinesische Medizin – Placebo, Wissenschaft oder Wirklichkeit?
broschiert ISBN 978-3-88309-776-3 | gebunden ISBN 978-3-88309-777-0

23 Detlef Thiel
Maßnahmen des Erscheinens. Friedlaender/Mynona im Gespräch mit Schelling, Husserl, Benjamin und Derrida
broschiert ISBN 978-3-88309-782-4 | gebunden ISBN 978-3-88309-783-1

24 Leonidas Donskis
Fifty Letters from the Troubled Modern World:
A Philosophical-Political Diary 2009–2012
broschiert ISBN 978-3-88309-799-2 | gebunden ISBN 978-3-88309-800-5

25 Hartmut Buchner
Heidegger und Japan – Japan und Heidegger
Vorläufiges zum west-östlichen Gespräch
broschiert ISBN 978-3-88309-836-4 | gebunden ISBN 978-3-88309-837-1

26 Kateřina Šolcová
Comenius im Blick
Der Briefwechsel zwischen Milada Blekastad und Dmitrij Tschižewskij
broschiert ISBN 978-3-88309-843-2 | gebunden ISBN 978-3-88309-844-9

27 Karin Knobel
Poetik des Staubes bei Goethe und Hafis
broschiert ISBN 978-3-88309-838-8 | gebunden ISBN 978-3-88309-839-5

28 Ryôsuke Ohashi
Schnittpunkte. Essays zum ost-westlichen-Gespräch
Erster Band: Dimensionen des Ästhetischen
broschiert ISBN 978-3-88309-859-3 | gebunden ISBN 978-3-88309-860-9

29 Ryôsuke Ohashi
Schnittpunkte. Essays zum ost-westlichen-Gespräch
Zweiter Band: Deutsch-Japanische Denkwege
broschiert ISBN 978-3-88309-885-2 | gebunden ISBN 978-3-88309-886-9

30 Aleš Novák (Hg.)
Grenzen der Transzendenz
broschiert ISBN 978-3-88309-854-8 | gebunden ISBN 978-3-88309-855-5

31 Boško Tomašević
Hervorgang des Seins. Das ontologische Geschehen des Dichtens
broschiert ISBN 978-3-88309-952-1 | gebunden ISBN 978-3-88309-953-8

32 Gerard Visser
Nichts ist geschenkt. Ein philosophischer Essay über die Seele
broschiert ISBN 978-3-88309-871-5 | gebunden ISBN 978-3-88309-872-2

33 Marcin Rebes
Der Streit um die transzendentale Wahrheit. Heidegger und Levinas
broschiert ISBN 978-3-88309-942-2 | gebunden ISBN 978-3-88309-943-9

34 Jürgen Trinks
Überleben des Phänomens im Symbolischen
Studien zur sprachphänomenologischen Kulturwissenschaft
broschiert ISBN 978-3-88309-875-3 | gebunden ISBN 978-3-88309-876-0

35 Martin Cajthaml
Europe and the Care of the Soul:
Jan Patočka's Conception of the Spiritual Foundations of Europe
broschiert ISBN 978-3-88309-887-6 | gebunden ISBN 978-3-88309-888-3

36 Leonidas Donskis
Das Ende von Ideologie und Utopie?
Moralität und Kulturkritik im zwanzigsten Jahrhundert
broschiert ISBN 978-3-88309-883-8 | gebunden ISBN 978-3-88309-884-5

37 Dean Komel
Kontemplationen. Entwürfe zur phänomenologischen Hermeneutik
broschiert ISBN 978-3-88309-903-3 | gebunden ISBN 978-3-88309-904-0

38 Armin Wildermuth
Findlinge. Gefundenes und Erfundenes
broschiert ISBN 978-3-88309-944-6 | gebunden ISBN 978-3-88309-945-3

39 Hisaki Hashi (Hg.)
Denkdisziplinen von Ost und West
Interdisziplinäre Philosophie in einer globalen Welt
broschiert ISBN 978-3-95948-047-5 | gebunden ISBN 978-3-95948-048-2

40 Markus Ophälders
Konstruktion von Erfahrung. Versuch über Walter Benjamin
broschiert ISBN 978-3-95948-083-3 | gebunden ISBN 978-3-95948-084-0

41 Ivan Chvatík and Lubica Ucník (eds.)
Asubjective Phenomenology:
Jan Patočka's Project in the Broader Context of his Work
broschiert ISBN 978-3-88309-993-4 | gebunden ISBN 978-3-88309-994-1

42 Terri Jane Hennings
Writing Against Aesthetic Ideology:
Tom Sharpe's *The Great Pursuit* and Paul Auster's *City of Glass*
broschiert ISBN 978-3-95948-180-9 | gebunden ISBN 978-3-95948-181-6

43 Irina Hron (Hg.)
Einheitsdenken
Figuren von Ganzheit, Präsenz und Transzendenz nach der Postmoderne
broschiert ISBN 978-3-88309-995-8 | gebunden ISBN 978-3-88309-996-5

44 Nicole Thiemer
Zwischen Hermes und Hestia
Hermeneutische Lektüren zu Heidegger und Derrida
broschiert ISBN 978-3-88309-946-0 | gebunden ISBN 978-3-88309-947-7

45 Sumalee Mahanarongchai
Health and Disease in Buddhist Minds
broschiert ISBN 978-3-88309-950-4 | gebunden ISBN 978-3-88309-951-4

46 Fengli Lan and Friedrich G. Wallner (eds.)
The Concepts of Health and Disease from the Viewpoint of four Cultures
broschiert ISBN 978-3-88309-948-4 | gebunden ISBN 978-3-88309-949-1

47 Fengli Lan
Metaphor: The Weaver of Chinese Medicine
broschiert ISBN 978-3-95948-020-8 | gebunden ISBN 978-3-95948-039-0

48 Kurt Greiner und Martin J. Jandl (Hg.)
Bizzarosophie
Radikalkreatives Forschen im Dienste der akademischen Psychotherapie
broschiert ISBN 978-3-95948-014-7 | gebunden ISBN 978-3-95948-032-1

49 Martin Nitsche (ed.)
Image in Space: Contributions to a Topology of Images
broschiert ISBN 978-3-88309-985-9 | gebunden ISBN 978-3-88309-986-6

50 Friedrich G. Wallner and Gerhard Klünger (eds.)
Buddhism – Science and Medicine: Interpretations, Applications, and Misuse
broschiert ISBN 978-3-95948-052-9 | gebunden ISBN 978-3-95948-053-6

51 Severin Müller
Verwandelte Ferne
Phänomenologische Analysen zu realen und imaginären Mobilitäten
broschiert ISBN 978-3-95948-089-5 | gebunden ISBN 978-3-95948-090-1

52 Severin Müller
Transformationen. Studien zu Zeit, Bewegung und Imagination
broschiert ISBN 978-3-95948-237-0 | gebunden ISBN 978-3-95948-238-7

53 Friedrich G. Wallner and Gerhard Klünger (eds.)
Constructive Realism: Philosophy, Science, and Medicine
broschiert ISBN 978-3-95948-102-1 | gebunden ISBN 978-3-88309-829-6

54 Anna Maria Martini
Phänomenologie der Zweigeschlechtlichkeit
broschiert ISBN 978-3-95948-125-0 | gebunden ISBN 978-3-95948-126-7

55 Petr Kouba
Margins of Phenomenology
broschiert ISBN 978-3-95948-144-1

56 Klaus Kanzog
Militärische Leitbilder in Spielfilmen der Bundesrepublik der 50er Jahre
Faktizität, Kunstfreiheit, Rhetorik
broschiert ISBN 978-3-95948-173-1 | gebunden ISBN 978-3-95948-174-8

57 Dragan Jakovljević
Erkenntnisgestalten und Handlungsanweisungen
Abhandlungen zur Erkenntnislehre und praktischen Philosophie
broschiert ISBN 978-3-95948-202-8 | gebunden ISBN 978-3-95948-203-5

58 Fengli Lan, Friedrich G. Wallner, Gerhard Klünger (eds.)
Lifestyle and Health
broschiert ISBN 978-3-95948-235-6 | gebunden ISBN 978-3-95948-236-3

59 Hans-Christian Günther
Nachgehakt. (Un)zeitgemäße Betrachtungen zu Religion, Ethik und Politik
broschiert ISBN 978-3-95948-287-5 | gebunden ISBN 978-3-95948-288-2

60 Ľubica Učník and Anita Williams (eds.)
Phenomenology and the Problem of Meaning in Human Life and History
broschiert ISBN 978-3-95948-297-4 | gebunden ISBN 978-3-95948-298-1

61 James McGuirk
Eros, Otherness, Tyranny: The Indictment and Defence
of the Philosophical Life in Plato, Nietzsche, and Lévinas
broschiert ISBN 978-3-95948-295-0 | gebunden ISBN 978-3-95948-296-7

62.1 Daniel Aebli
Entwicklungslogik des Schönen. Erster Band:
Studien zur Kunst- und Kulturwissenschaft
ISBN 978-3-95948-309-4

62.2 Daniel Aebli
Entwicklungslogik des Schönen. Zweiter Band:
Studien zur Theorie der Kunst- und allgemeinen Geschichte
ISBN 978-3-95948-310-0

63 Peter McCormick
Blindly Seeing. Essays in Ethics: Discourses, Sayings, Sufferings
ISBN 978-3- 95948-305-6

64 Peter McCormick
In Times Like These. Essays in Ethics: Situations, Resources, Issues
ISBN 978-3- 95948-306-3

65 Madeleine Kasten, Rico Sneller, Gerard Visser (eds.)
Benjamin's Figures: Dialogues on the Vocation of the Humanities
ISBN 978-3-95948-344-5

66 Chris Bremmers, Andrew Smith, Jean-Pierre Wils (eds.)
Beyond Nihilism?
ISBN 978-3-95948-342-1

67 Ellen Wilmes
Nicht-Dualität. Dōgen Zenji trifft Michel Henry
ISBN 978-3-95948-352-0

68 Gerhard Burda
Mediale Identität/en
Politik, Psychoanalyse und die Phantasmen von Verbindung und Trennung
ISBN 978-3-95948-368-1

69 Veronika Teryngerová and Hans Rainer Sepp (eds.)
Ethics in Politics?
ISBN 978-3-95948-369-8

70 Giovanni Jan Giubilato (Hg. / ed.)
Lebendigkeit der Phänomenologie | Vividness of Phenomenology
ISBN 978-3-95948-419-0

71 Vít Pokorný
Psychonauticon: A Transdisciplinary Interpretation of Psychedelic Experiences
ISBN 978-3-95948-375-9

72 Eddo Evink
Transcendence and Inscription: Jacques Derrida on Ethics, Religion and Metaphysics
ISBN 978-3-95948-418-3

73 Friedrich Hausen
Philosophie der Psychobiologie
Hans Lungwitz im Kontext einschlägiger Positionen und Diskurse
ISBN 978-3-95948-478-7

74 Alfred Barth
Publish or Perish! Ein Schwarzbuch der Wissenschaft
ISBN 978-3-95948-333-9

75 Peter McCormick
Modernities: Histories, Beliefs, and Values
ISBN 978-3-95948-441-1

76 Peter McCormick
Solicitations: Poverties, Discourses, and Limits
ISBN 978-3-95948-442-8

77 Benjamin Kaiser und Hilmar Schmiedl-Neuburg (Hg.)
Philosophie und Literatur
ISBN 978-3-95948-454-1

78 Cathrin Nielsen und Karel Novotný (Hg. | eds. | éd.)
Die Welt und das Reale | The World and the Real | Le monde et le réel
ISBN 978-3-95948-489-3

79 Saman Pushpakumara
The Tremendous Power of the Negative: Hegelian Heritage in German, French, British and American Philosophical Traditions
ISBN 978-3-95948-455-8

80 Eder Soares Santos
Paths of Science of Man in Heidegger
ISBN 978-3-95948-459-6

81 Friedrich G. Wallner, Fengli Lan, Jan Brousek (eds.)
Constructive Realism in Chinese Medicine
ISBN 978-3-95948-484-8

82 Markus E. Hodec und Hilmar Schmiedl-Neuburg (Hg.)
Literatur und Leib. Philosophische Perspektiven
ISBN 978-3-95948-490-9

83 Siyu Dai
Kunstwerk und Wahrnehmung. Phänomenologische Annäherungen an Malerei und Dichtung im Horizont der Moderne
ISBN 978-3-95948-508-1

84 Petr Kouba
L'exode sans Moïse. L'émigration rom comme problème politique
ISBN 978-3-95948-502-9

85 Hans Rainer Sepp (Hg.)
Das Subjekt der Moderne. Liber amicorum für Klaus Erich Kaehler
ISBN 978-3-95948-524-1

86 Gerhard Burda
Absolut Medial. Essay zur Theo-Techno-Anthropo-Mediologie
ISBN 978-3-95948-519-7

87 Andrea-Mercedes Riegel und Friedrich Wallner
Logik und Ontologie der Chinesischen Medizin. Eine Verfremdung
ISBN 978-3-95948-527-2

88 Hans Rainer Sepp (Hg.)
Fotografische Differenz
ISBN 978-3-95948-585-2

89 **Back – Front – Self: Photographs by Chan Fai Cheung**
Edited by Hans Rainer Sepp

90 Huang Ziming
Der Pinselstrich im Schnittfeld von Gesichts- und Tastsinn

91 Martin Nitsche and Olga Louchakova-Schwartz (eds.)
Image, Phenomenon, and Imagination in Phenomenology of Religious Experience
ISBN 978-3-95948-580-7

92 Anna Rabea Kayßer
Die Selbstverständlichkeit des Menschen
Rhetorik der Evidenz und Anthropologie bei Christoph Martin Wieland
ISBN 978-3-95948-572-2

93 Gerhard Burda
Mediamorphosen. Variationen zur *Hand Gottes*
ISBN 978-3-95948-564-7

94 Andrea-Mercedes Riegel und Friedrich Wallner
Heilen in interkultureller Perspektive
ISBN 978-3-95948-566-1

95 Jan David Schenk
„Fülle des Nichts“
Zur (Un)möglichkeit der Metaphysik nach Adorno und Beckett
ISBN 978-3-95948-583-8

96 Markus E. Hodec, Marius Sitsch (Hg.)
Gleichzeitige Nähe und Ferne | Proximité et distance en même temps
Sartre und Levinas im Dialog | Sartre et Levinas en dialogue
ISBN 978-3-95948-582-1

97 Gerhard Burda
Architekturen des Heiligen
Habermas und eine andere Geschichte der Philosophie
ISBN 978-3-95948-600-2

98 Jonas Vanbrabant (ed.)
Philosophers on the Russian Aggression of Ukraine
ISBN 978-3-95948-602-6

99 Jonas Vanbrabant
Der Roman als Moment des Zwischen
Eine Oikologie der belletristischen Prosa
ISBN 978-3-95948-620-0

101 Peter Wedekind
The Meritocratic Promise of Classical Liberalism:
Restoring Equality of Opportunity in the Age of Market Triumphalism
ISBN 978-3-95948-606-4

102 Gerhard Burda
Apophatische Subjekte
Deleuze, Badiou und das Unverfügbare (in) der Philosophie
ISBN 978-3-95948-612-5

103 Friedrich Wallner
Ethics Under the Aspect of Constructive Realism
ISBN 978-3-95948-613-2

104 Petr Kouba
A View from the Outside. Reflections on Social Ontology
ISBN 978-3-95948-618-7

105 Gustav von Campe
Vom Wink. Tonisches Denken bei Martin Heidegger
ISBN 978-3-68911-003-1